野蠻人徒步日記

SAVAGE－著

阿帕拉契山徑90天

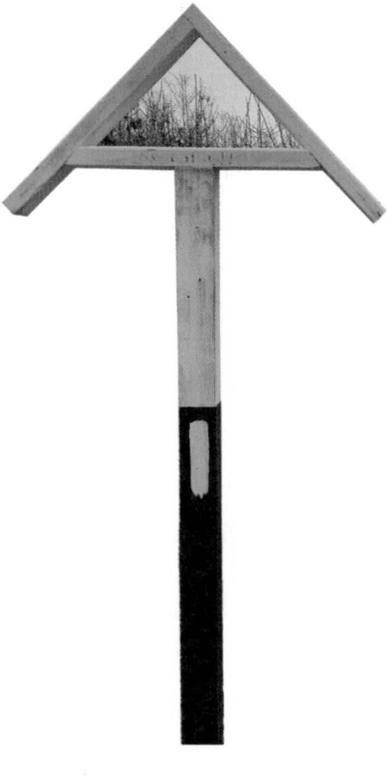

目次

野蠻人與道別式

出發前我做了功課，走過三冠王路線的徒步者大概都有相似的結論：ＡＴ（阿帕拉契山徑）是一條面貌猙獰的步道，相較於ＰＣＴ（太平洋屋脊步道）、ＣＤＴ（大陸分水嶺步道），算得上是「無景」的長步道。

但幾乎所有徒步者走完阿帕拉契山徑之後，都有種難以形容的惆悵感，我也不例外。

我想，那是因為阿帕拉契山徑不像ＰＣＴ、ＣＤＴ那樣有種莊嚴神聖不可侵犯的距離感，反而像是母性的存在，包容一切情感，療癒傷痛。

所以，我以為的阿帕拉契山徑之美，是在長時間的平靜單調中不經意的細膩蘊涵，不斷堆疊，最終在內心形成的巨大情感，甚至自己也沒察覺。

徒步者將目光投向遠方，做好面對困難的準備，要追尋更遠的風景，殊不知一回憶才發現，當下的那個片刻才是最美的，那真的很像「人生」。

有些事現在不做，以後也不會想做。

搭著那年的單車環台浪潮，我買了一台天藍色彎把自行車，雖然它已塵封在倉庫裡，但我對我與它的冒險依然記憶深刻。

我第一次騎著它出門，從桃園竹圍打算一路騎到台中大甲。那天一直籠罩在陰霾裡，抵達台中時落起大雨，我不慎因路肩白色標線而打滑，跟著就是重摔在地，連車輪都變形了，只好牽著自行車走到大甲火車站，將車寄回桃園。

這次失利並未令我受到打擊，反而覺得最難的不過如此。很快地，第二次上路我踏上環台之旅。這天，我騎到彰化鄉下，那個我短暫生活了兩年的外婆家。

小時候，隨著父親工作異動，我很少在在同一所學校待超過兩年。不斷流轉的人生讓我厭倦情感的拉扯，對很多人事物都豎起高牆，將自己活得很孤獨。

常常被人問到：你在那裡長大？我露出疑惑的表情，因為我很難回答這個問題。若某人問：你的家鄉在哪裡？那我肯定會回答彰化外婆家，在鄉下與外婆生活的那段自由自在的童年，是生命中最溫暖豐富的一段時光。

外婆包容了我的任性與稀奇古怪的念頭，例如從學校回家要走上三公里，有一天突然下起傾盆大雨，我不像其他人一樣在屋簷下躲雨，而是在大雨中跑回家。外婆心急的讓我直接跑進浴室沖熱水澡，守在浴室外幫我張羅乾衣與浴巾。

我很享受克難艱苦之後的溫暖，對我來說那是一種家的「歸屬感」。我喜歡到處旅行冒險，遭遇各種困境，可能也是在復刻那份溫暖吧！

外婆聽到我騎自行車環台，非常驚訝，她叮囑我不要再繼續，太辛苦了，讓我一定要停止旅程回家。

我怕外婆擔心，跟她說：「好的，我要回家了。」

隔天，我揮別外婆，繼續環島。我沒說謊，我要回家了，只是選了比較遠的那條路。外婆聽到我完成環島，沒有生氣，反而帶著驕傲為我感到開心。

小時候，家裡的長輩告訴我：「你外公是天馬行空的夢想家，你外婆是勤懇的勞力者。」外婆能獨自扛著扁擔挑菜上山，爬到山另一頭的小鎮賣錢。

外婆很節省，事業成功的舅舅給的家用一定不少，但外婆仍粗茶淡飯。後來我們才知道，有些已經腐敗的地瓜或剩菜外婆都捨不得丟，全吃下肚，一檢查身體，竟已腸胃癌末期。腸胃癌肯定伴隨著極巨烈的痛楚，外婆卻很少表現出來，頂多說身體不舒服要休息，能忍耐到這種程度，大概也是堅毅的生活方式訓練出來的。

這實在不是必要的折磨，但出發點不是為了自己，而是盡一己所能，努力給後輩更好的生活。或許大家都感受到外婆的用心，所以外婆才那麼受到愛戴。

外婆離去後，不再有殷殷切切盼著你回來的人，族親就很少回鄉下了，至少我一次都沒回去過，甚至缺席了與外婆道別的最後機會。

不知道為什麼，我不想用那麼通俗的方式與外婆「道別」。給外婆的道別式，應該是一場史詩級的冒險，讓外婆再次開心又驕傲的說：那是我孫子。

AT與我

| 旅途的起點：紐瓦克自由國際機場（Newark Liberty International Airport），2023年3月1日清晨6點。

| 我是 2023 年第 631 個踏上阿帕拉契山徑的挑戰者

| 過了阿米卡洛拉瀑布州立公園這道石拱門，一路北去不回頭。

｜獨自在謐靜的森林露宿，即是面對內心最深恐懼之時。

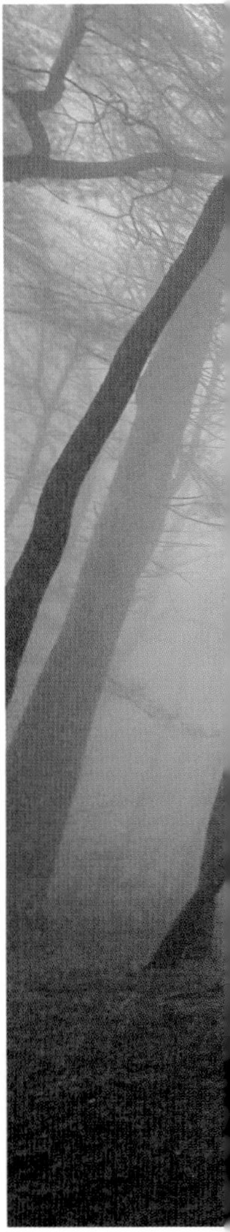

丨血山路段，山徑變水路。

歷經血山（Blood Mountain）的震撼，據說不少人脫了靴子往樹上一扔，掉頭回家，造就了知名的「尼爾鞋之樹」。

| 步道天使、帳棚、美食，以及「被攔住」的徒步者。

| 第 7 天遇到 PAUL，他的腳步輕快又穩定，走在他前面壓力頗大。我緩下來休息，讓他在前方領隊，之後我就被海放了，連車尾燈都看不到。

| 第 8 天，抵達北行 AT 第一個百哩，峰頂展望遼闊。

| 無名而善意的補給。

｜氣溫極低，手腳越來越不靈活，附近沒有可紮營的地方，只能硬著頭皮走下去，直到天快黑了才抵達庇護所……

在看起來沒什麼變化的雪中步道移動，基本上是一種掙扎的心理過程。

躲進克林曼圓頂瞭望台，依然寒徹骨脊。

彷彿走了一輩子那麼久，終於爬上克林曼圓頂（Clingmans Dome）。

| 穿越風雪，踏著濕滑的硬冰滑下山，回頭仰望澄藍天空下的大煙山（Great Smoky Mountains）。

｜第 16 天遇見湯沃（Townward），他說：「叫你 SAVAGE 好了，你是我走步道以來遇過最快的。」

｜適逢周末，一群年輕人圍在帳篷旁的爐堆烤火，在煎台烤肉的男子叫住我，問我要不要漢堡，原來他們也是步道天使。

高聳的樹木愈來愈少，取而代之的是低矮的灌木叢。我踏著階梯緩緩爬向藍天，步道高點是一片開闊的大草原，稱為麥斯路徑（Max Path），濕氣低溫兩相加乘，大地綻放冰晶，夢幻無比，不似人間風景。

一連串爬坡後終於爬上切羅基國家森林（Cherokee National Forest）最高點大禿峰（Big Bald），群山圍繞，視野無限，令人震撼。

｜婁安山腳的青年旅舍有「阿帕拉契山徑最棒早餐」之譽，名不虛傳。

｜途中偶遇俊美野馬當道

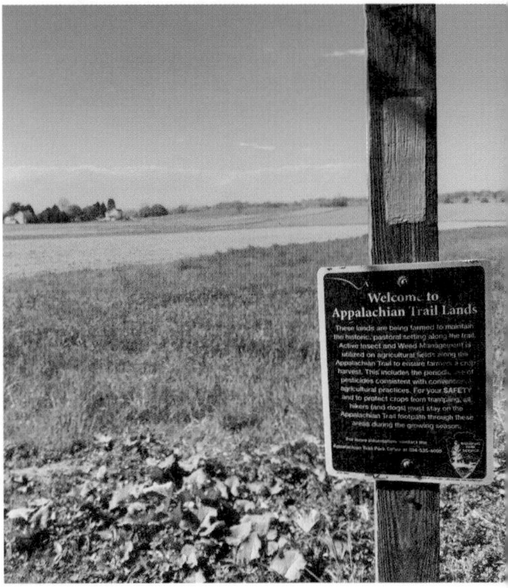

｜白色油漆標誌是 AT 的指路標，據說直到終點卡塔丁共有 165,000 個。

Harpers Ferry 是阿帕拉契山徑總部（Appalachian Trail Conservancy）所在地，為全線中點，抵達總部意味著完成一半路程。我在第 48 天抵達 AT 總部，是 2023 年第 31 個完成一半路程的北行徒步者，48 天來超越 600 個北行者，比預期的多很多。管理員幫我拍下與總部的合照，說：「恭喜，現在你加入歷史了！」

| 步道天使在水窪放了幾瓶拉格（Lager）啤酒。

| AT 路況繁複，跋山涉水是步道日常。

第 63 天，從紐澤西州進入紐約州，阿帕拉契山徑徒步之旅大約完成 2/3，離緬因州 819 英里。

第 66 天傍晚，順著激流旁的步道，來到有 180 年歷史的木造橋廊 Bull Bridge。

| 通往駝鹿山(Mt. Moosilauke)的路上有許多石塔，以一種史詩風格指引徒步者。

| 第 75 天，我和湯沃在 Thistle Hill 庇護所重逢，短短數日就要各奔前程，他要趕去挑戰 CYTC 三冠王。

穿越漫長的松樹林，爬上稜線，眼前開展的是林肯山（Mt. Lincoln），震懾的美令我想到玉山，攀爬途中一直想起多年前在玉山山頂遭遇的險境。

| 驚悚但非常實在的警告：「此地（華盛頓山）是全美氣候最糟糕的地方，連夏天都會出人命，如果天氣糟糕的話，趕緊夾著尾巴逃吧！」

| 華盛頓山（Mt. Washington）是 AT 全線第二高峰，標高 6,288 英尺，卻是我所經歷最驚險的一段路。

KATAHDIN，KATAHDIN，貫穿 AT 的 3 個音節。離家第 95 天，在狂風冰霜中，我終於聽見這美妙的 3 個音節。

野蠻人徒步日記

Day 1～12 施普林格山 Mt. Springer

「我要從喬治亞州走到緬因州。」

計程車司機大驚：「這真是太瘋狂了。」

阿帕拉契山徑徒步穿越 Day 1

第631號

凌晨兩點，鬧鐘作響。前一晚情緒緊張，好不容易才闔上眼入眠，怎麼時間就在催促了。六歲的女兒 Amber 翻起身坐在床上，睡眼惺忪對著我說：「爸爸，要去爬山了？」我親親 Amber 說：「妳怎麼那麼厲害？反而讓妳叫我起床了。」

我的班機從紐澤西起飛，清晨六點半飛往亞特蘭大。原本不想打擾 Amber，打算拎著整理好的背包悄悄離去。這次的離別可能半年後才能相見，Amber 即便年紀還小，也感覺到了此次道別的重量，特地吩囑我一定要喚醒她，要跟我說再見。

待我起床盥洗，Amber 像是完成必須完成的任務，精神不濟的倒頭睡去。我靜靜的抱著她嬌小的身軀一會兒。這樣就好，沒有離情依依的不捨，這樣比較沒有掛礙。

昨夜下雪，紐澤西機場草皮布滿銀白。我感到興奮，更多的是即將面對陌生事物的緊張。半夜的離境月台，冰冷空氣強化了我內心混亂的心情，手臂都豎起疙瘩了。

順利飛抵亞特蘭大，機場外的陽光令我將身上的衣服一件件脫去，和煦與溫暖舒緩了緊繃的情緒，取而代之的是往目標邁進的踏實。

我要從亞特蘭大機場前往喬治亞州北部的阿米卡洛拉瀑布州立公園（Amicalola Falls State Park）。機場沒有直達該州立公園的交通方式，我必須利用幾項大眾交通工具，盡可能往北移動，最後再搭計程車前去。

我從哈茨菲爾德國內機場（Hartsfield Domestic Airport）搭上紅線捷運，從最南端往最北端，貫穿整個亞特蘭大市至終點站北斯普林斯（North Springs）。亞特蘭大對我來說是個陌生的城市，只知道它是一座大城市，近年來有許多新興產業與電影產業移入，一定程度的帶動了繁榮，捷運空間也很乾淨明亮，給我不錯的印象。

隨著捷運列車漸漸往北，乘客越來越少，接著的停靠站陸續走入幾位衣著汙臭、眼神渙散的乘客。這不禁令我有點緊張，畢竟我見識過紐約市地鐵遊民各種粗魯無禮的行為。

我盡量保持平常心，悄悄用眼角餘光注意其中一位，他將破舊的外套披在胸前，似乎刻意掩蓋手臂與上半身，從他衣物下的動作與臉部表情，我驚訝極了：他是在地鐵車廂裡注射毒品嗎？

抵達終點站，我搭上市區巴士往阿爾法利塔（Alpharetta）。前往這個小鎮有幾個目的：一，它是大眾交通系統所能抵達的最北端；二，飛機行李不能攜帶瓦斯罐，我必須在進入州立公園之前採買必要的消耗品，阿爾法利塔的連鎖戶外用品店 REI 就是我能找到最理想的補給地點。

在偌大的展示間裡，我選好所需物品，櫃台結帳的少年問：「你是要去阿帕拉契山徑（Appalachian Trail，簡稱 AT）嗎？」

我說：「是的。」

少年說：「太棒了，前幾天也有穿越徒步者（Thru-Hiker）從這裡出發。」

我很高興聽到這個訊息，那表示我目前的方向沒錯。

少年又問：「這些就是你所有需要的東西嗎？」

老實說，我對於阿帕拉契山徑的狀況以及連續多日野外露營的經驗並不熟悉。這真的是需要的物品嗎？這些補給品夠嗎？我一點把握也沒有。或許這正是令我感到緊張與不確定的因素之一。我只能苦笑答說：「希望是。」

離開戶外用品店，我在附近的美式餐廳吃了午餐。我要利用共享計程車前往阿米卡洛拉瀑布州立公園，司機按時抵達，卻說原本她要打電話跟我商量取消交易，因為公園位處偏僻，回程她接不到其他客人，這筆交易對她來說不划算。她想跟我商量另一個方式，如果我願意出雙倍車資，她就願意發車。我從手機ＡＰＰ得知願意接單的計程車真的不多，即便我再找其他司機也可能出現同樣的問題，我不能再浪費時間了，只好同意。

司機是一名年輕的非裔美籍女性，她駕駛的車輛略顯老舊，連冷氣都不願意開，顯見有些拮据。在漫長的高速公路上，我望著窗外的景色緩緩轉變，從城鎮到農場，從農場到森林。

司機問我：「你從哪裡來？」

我說：「台灣，但我現在在紐約生活。」

她疑惑：「你為了阿米卡洛拉瀑布州立公園專程從紐約飛過來？」

我回答：「是的，因為我要去走阿帕拉契山徑。」

她問：「那你什麼時候回來？」

我說：「我不回來了，我要從喬治亞州一路走到緬因州。」

她滿臉驚訝，默默說了好幾次：「這真是太瘋狂了。」

我又望向窗外，默默同意。是的，這應該是我這輩子最瘋狂的決定。

計程車抵達阿米卡洛拉瀑布州立公園，我很感謝願意載我一程的司機，她說：「祝好運。」揮手道別後，我負起背包走進公園裡的阿帕拉契山徑基地營，我得在此辦理徒步登記。

目前還不是阿帕拉契山徑的徒步旺季，基地營裡只有我一人，我向管理員大叔表明來意，他隨即為我進行無痕山林課程：要在指定的營地紮營、如何處理廚餘、如何處理排泄物……等。

大叔也提示了通行阿帕拉契山徑即將面臨的困難，例如剛開始一天只走八英里，讓身體慢慢習慣，或是某個山谷之後連續四天沒有水源……等。一時半刻哪能記得一大堆陌生的地名，幸好離線地圖有即時資訊，倒也不怕。

聽完簡短的課程，我領到通過無痕山林課程的流水編號，六三一號，這也是阿帕拉契山徑挑戰者編號，表示我是今年第六百三十一個踏上阿帕拉契山徑的挑戰者。

阿米卡洛拉瀑布州立公園訪客中心後的圓拱門入口應該是阿帕拉契山徑上最多人合照的景點了。徒步者拍照上傳至社交媒體，等於對世人宣告挑戰的企圖，所以現在我不能輕易退出，何況為了走這一條步道，我毅然決然辭職了。

踏入拱門，便隨著山勢往上攀升。在土質流失的貧瘠山路走了好一陣子，我意識到偏離了阿帕拉契山徑經典的開場——瀑布階梯，不過離線地圖標示我的方向無誤，可能只是走了岔路，不影響之後的目標。

在土坡上眺望遠方層層堆疊的藍色山巒，我因能看到其他人看不到的景色而沾沾自喜，不過我可能背了太多的水和食物，才走四個小時八英里（十二公里）上坡路，便肌肉痠痛。終於抵達施普林格山（**Mt. Springer**），山頂有一幅嵌入岩石的銅牌，寫著：「阿帕拉契國家景觀步道南端點」，換句話說，我來到了全長二二〇〇英里（三五二〇公里）的阿帕拉契山徑「起點」。

原來，今天真的只是熱身，我在阿帕拉契山徑尚未取得任何進度。

南端點一顆岩石上坐了一位光頭大叔，他拿著手機，示意我幫他拍照。

他說：「I’m done！」（我結束了）

我感到訝異。阿帕拉契山徑每年吸引近五千人挑戰，真正成功完成通徑的不到一千人，也就是成功率低於百分之二十，聽說有不少挑戰者走完瀑布階梯就投降了，沒想到那麼快就讓我遇上了。

我回說：「你結束了？可是我們才剛開始耶。」

見了我的反應，他解釋說：「我是阿帕拉契山徑南行者（SOBO 緬因州—喬治亞），去年十月從緬因州卡塔丁（Mt. Katahdin）出發，花了五個月抵達終點施普林格山。我完成阿帕拉契山徑通徑了。」

搞懂他的意思之後，我驚訝得下巴都合不攏了。我夢想成為的身影突然站在眼前，一時之間不知該說什麼，連恭喜都忘了說，反而光頭大叔離去時一直祝我一路好運。

此時，烏雲密布，再貿然推進也很危險。趁著還未落雨，決定在起點旁的營地紮營。話說，背包裡的帳篷將陪伴我整趟旅程，是非常重要的求生工具，今晚是我第一次使用這頂新帳篷在野外過夜，有點緊張，如果帳篷這時出錯，是不是我的冒險就此結束呢？

幸好一切順利。

整個州立公園都是熊出沒頻繁的地區，對於儲存食物有嚴格的要求。我心想，反正也不是特別餓，晚餐懶得煮了，吃根能量棒墊墊肚子就可以睡了。

夜裡狂風呼嘯，甚至可以聽到遠山的颶風，壓著樹梢如浪濤般席捲而來，手機不斷響起強風警報，怪嚇人的。

第一晚好神奇，我感覺回到不斷轉學的童年。記得每次進入新班級前一晚，我的思緒都會陷入混亂，躺在床上看著天花板，擔心到無法入睡。今晚，我的思緒依然無法控制的流轉著，仰頭看著不停晃動的帳篷布，並非緊張，而是全然未知的旅程讓我感到無比亢奮。

期待明天快點到來。

本日里程 累積里程 全線里程

（0／0／2200英里）

阿帕拉契山徑徒步穿越 Day 2

走你自己的路

經歷一夜驚魂，清晨醒來，先煮了一杯咖啡提神，再煮了一鍋帕馬森芝士燉飯，此時聽到帳篷外二〇二三梯次的挑戰者陸續上路了。我仍然不疾不徐，半路煮飯更耗時，現在先吃起來，省時省事。

收起帳篷，離開營地，回到步道，與第一個白色油漆（white blazes）路標輕輕擊掌，正式展開旅程。據說直到終點卡塔丁，這些白色油漆有十六萬五千個，我必須緊緊跟著它們。

三月初春，寒冷的冬季剛離去，新芽還未冒出，枝頭少了綠葉，整個森林呈現褐黃色調，格外蕭瑟，我在潮濕的霧裡踩著濕漉漉的落葉疾行。

離起點不遠的阿帕拉契山徑有不少徒步者，甚至太過密集了，比起與步調拖沓的人群一起走，我更喜愛獨自在山林邁步的輕快感。為了更專注於行走，我盡可能加速步伐，遠離集團，甚至拒絕了兩組步道天使（Trail Angel）提供的免費糧食飲料。

在隘口的登山口，有個中年大叔從岔路跑出來問：「這是阿帕拉契山徑往北的方向嗎？」我說：「是的。」

我與中年大叔短暫並行了一陣子，他從懷裡掏出兩塊甜甜圈問我要不要。我說：「不用，謝謝。」心想，這不就是剛才步道天使給的嗎？

大叔右眼似乎有點病症，他沒有步道名，我心裡暫時稱他獨眼。獨眼剛從香港回來，前腳才在台灣轉機，後腳就踏上阿帕拉契山徑，沒帶食物，只帶著輕便的露營裝備，「打算」靠步道魔法待上兩個禮拜，「體驗」阿帕拉契山徑的魅力，應該也算一圓「步道夢」吧。

在阿帕拉契山徑上的挑戰者中，兩個年齡族群佔了大半數：㈠退休的老年人，五十五至六十五歲；㈡大學剛畢業尚未就業的年輕人，二十至二十五歲。比起後者，我跟長者似乎特別聊得來。

午後，我遇到兩個令我印象深刻的徒步者。即將完成阿帕拉契山徑的挑戰者Long-Story（步道名），已經六十六歲了，腳步仍相當矯健，圍著花色頭巾的模樣讓我覺得他擁有一副熱愛冒險的心靈。我跟在步道上短暫交集的 Ice-Man（步道名）問東問西，一起吸取 Long-Story 六個月來的經驗。

六十五歲的 Ice-Man 很珍惜踏上阿帕拉契山徑的機會，或許為了這次遠行，做足了一輩子的準備。他說他很不能諒解在庇護所（shelter）遇到的年輕人，在步道上只待了兩天就要放棄。Ice-Man 問我：「你看到那個印第安納州來的中年女性嗎？她的背包太重了，導致無法往前。」

對 Ice-Man 來說，缺乏對自身能力的認知，也就缺乏對阿帕拉契山徑的敬重。

我也是為了踏上阿帕拉契山徑而辭職，是步道上的少數族群，我瞭解挑戰的機會有多寶貴，但我也很難因此去批判他人，那過於嚴厲了。

我不知該說什麼。步道上流傳著一句話：「走你自己的路（Hike your own hike）。」或許，對任何人保持開放中立，就是徒步者崇尚的自由精神。因此，對任何勇於挑戰的精神，包含批判別人的想法，我都願意給予尊重。

烏雲籠罩天空，細細的雨絲開始滴落。我加快腳步離開 Ice-Man。拖著沾染泥濘與疲倦的雙腿，來到十五英里處的古奇庇護所（Gooch Shelter）入口。我遠遠就望見庇護所周圍擠滿徒步者，營地傳來斷斷續續的口琴聲與喧鬧聲，營火堆冒出的白煙不畏雲雨，朝著天空裊裊而升。群體活動令我不自在，為了獲得更好的休息，我拖著疲倦的身體又走了兩英里，終於在碎石車道旁找到一處僻靜的營地。

看來比起獨自露宿，我更害怕與人群相處。

（17.3 / 17.3 / 2200 英里）

阿帕拉契山徑徒步穿越 Day 3

血山驚魂

獨自在謐靜的森林裡露宿，也是面臨自己內心深層恐懼之時。夜行鳥類的鳴叫、樹果掉落、遠方幽微的靜默，所有聲音傳達的訊息都被我當成野獸靠近的跡象。

或許離道路太近，或許還未與環境建立信任感，最令我恐懼的居然是人類，那無法被洞察的企圖心。

夜裡，雨勢未擴大，但樹枝攔集水氣，化為雨珠緩緩落下，打在樹葉上，啪搭啪搭敲在帳篷上，持續一整夜，每一下拍打都抖落帳篷內凝結的水珠。

外頭雨停了，帳篷內的雨季才開始。背包、睡袋、衣服還有我的臉都濕透了，或許徒步者之間的說法更貼切：「浸泡」在水裡。

我總是悲觀的設想事情，一旦身陷泥淖，反而變得樂觀興奮。

我告訴自己仍是幸運之人，如果昨夜氣溫降到冰點，睡在濕透的睡袋裡，今年阿帕拉契第一位殉難者就誕生了，以步道上最經典的死法。

絕對不願讓夜裡的恐懼再延續，今天我必須晾乾裝備，必須在惡劣的天氣下穿越血山（Mt. Blood），還有我渴望的——抵達血山後的旅舍，一夜安心無慮的睡眠。

天色未亮，我已經聽到其他徒步者走路的聲響，探頭到帳外張望，腳步聲已經遠去，此時的我置身濃霧之中。我摸黑整理行囊，走入白茫茫的森林。由於穿著浸濕的衣物，風一吹，我就瑟瑟發抖，就算睡眠不足精神困頓，我還是得保持急促的步伐以免體溫下降。

能見度很差，看不見步道通往何方，走起來多了幾分壓迫，見不到底的谷壑令人感覺踩在萬丈深淵之上。此時，身後有人語快速接近，我加快步調，拜尚未謀面的徒步者所賜，我的身體終於暖呼起來。

埡口的停車場迎面而來，我與Freyja（步道名）、Pink（步道名）兩人相遇。Freyja是充滿個性的西班牙裔女性，她是一名行動藝術家，總是在山林中尋找創作靈感，Pink則是護花使者，茂密的大鬍子搭配壯碩的身材，黑色上衣印著斗大的粉紅 Pink 字樣，令人印象深刻。

他們在阿帕拉契山徑已經待了四天，昨夜在庇護所像開派對一樣，雷射光舞秀搭配電音舞曲喧騰無比，今天預計下一整天雨，多數人不敢貿然挑戰血山，繼續待在屋簷下享受休息日，因此這個早晨要攀上山頂的只有我們三人。

我說我的裝備濕透還沾上泥巴，今天要穿過血山到另一端山腳下的旅店住一晚。

Pink 提醒趕緊打電話訂床位，我才恍然大悟，六點離開營地，營業時間未到，昏昏沉沉走了一會路居然忘了打電話，幸好 Pink 提醒了。

血山山腳下的山屋別墅可高級了，小木屋格局，適逢週五週六，一般人訂床位至少得兩天起跳，我是阿帕拉契山徑徒步者，可以只待一晚，或以先到先得的方式搶占九十美金的通鋪床位。

我已經夠早出發了，認為今天應該沒人能走在我前面，但要是再不洗衣服不晾乾裝備，可能就要退出步道了。於是我向櫃台報了信用卡號，先穩穩訂下床位。

在霧中，有一組步道天使在步道另一邊為挑戰者提供免費熱咖啡，Pink 與 Freyja 停下腳步補給，我則揮別他們獨自往山頂邁進。血山是喬治亞州第一高峰，阿帕拉契山徑全線第六高峰，山頂有座石頭建造的封閉式庇護所，防風防熊，更是登山客看日出日落的熱門景點，這也是 Pink 與 Freyja 今天的目的地。

進入登山口之後，步道開始起伏，但比起爬坡，天氣才是讓一切變得艱難的元兇。強風，加上強降雨，令我有種在颱風天翻山的感覺，即便如此我還是遇到其他挑戰血山的徒步者，我們用一種落難者的情懷彼此鼓勵。

前往山頂要連續攀爬四座山峰，一座比一座陡，目標越來越近，惡劣的天候也令我逐漸有失溫的現象，不可能徹退，唯一能做的就是盡快翻過血山。

忍受著寒冷痛苦，我想起昨天在山裡遇見的男子。他身穿迷彩服向我迎來，我打招呼時發現他手上拎著一把我在台灣服役時使用的 AK-47步槍，這把槍不是用來打獵，而是殺人。

話說血山這個名字的緣由，就來自北部移民與印地安人的血腥戰爭，這不禁讓我將自身處境拉到兩百五十年前的時空，在同樣的血山森林裡，我化身努力逃出白霧的士兵，此時此刻是否有人藏身樹後，為了生存而帶著殺意盯著我的後腦勺呢？後腦勺……？哎呀！居然忘了衝鋒衣有帽子，讓腦袋一直風吹雨淋，難怪快失溫了。

踩著濕漉漉的步道，攀爬岩石階台，費盡千辛萬苦爬上山頂，沒想到離開血山才是最大的難關。強風颳得我耳裡都是狂暴的風聲，雨水打得臉發疼，在開闊傾斜的岩面平台上遭遇的應該是我爬山以來遇到最強的陣風吧，居然得伏在地上才能勉強前進。

步道更慘，積滿水簡直跟小河一樣，與來時的登頂步道比起來，下山才是煉獄，根本沒有一絲道路的樣子。幾番在水窪上跳躍，轉念一想，反正鞋子濕透了，根本不用躲躲閃閃，乾脆直接踩進水裡，反而替鞋子清掉不少淤泥。

帶著逃難似的心情直奔山腳，除了木屋山莊，僅有一家戶外用品店，選擇貧乏的很，但對於目前的我來說，點燃柴火的壁爐，溫暖如臨天堂。

登記入住木屋後，我將衣物交給櫃檯幫忙洗滌，再連續兩次掃蕩櫃檯裡僅有的垃圾食物，導致他們庫存告急。我回到小木屋，洗了一頓此生最幸福的熱水澡，沖去鞋子的泥沙，倒掛帳篷背包以便瀝水，折騰了好一會兒才倒在柔暖的床鋪。

此時，窗外陌生的景色令我吃驚。猶如魔法結界解除一般，雨停風止，耀眼的金色夕陽輝映在露出真面貌的山頭，災難般的行山之旅彷彿一場久遠的白日夢。

血山呀血山，爬了一整天，你的模樣卻是現在才看清楚呢。

（13.7 / 31 / 2200 英里）

阿帕拉契山徑徒步穿越 Day 4

步道天使

睡飽醒來，用木屋裡的烤箱烤了冷凍披薩，然後煮杯熱巧克力，我拖了把椅子坐在陽台，一邊用早餐一邊等日出。住在山裡的福利之一就是享受蟲鳴鳥叫前的片刻寧靜。

睡袋與衣物都已晾乾，背包也收拾好了，我打算待到退房的最後一秒再離開，但其他徒步者已經出發，好像找不到繼續待在木屋的理由了。

來到阿帕拉契山徑全線最知名的戶外用品店「Mountain Crossings」，明明地處喬治亞北方郊山，卻獲評為全美最佳商店，實在不容易，他們提供裝備諮詢，商品種類齊全，還有「郵寄服務」。

經歷血山之役的打擊後，能幫你把裝備都運回家，無疑是給怯戰的人們巨大的誘惑，不少人抵擋不住誘惑，脫了靴子往樹上一扔回到城裡，才會有這一棵知名的「尼爾鞋之樹」。

今天我有個任務，要來此地郵遞包裹，把至今未派上用場或已經不堪使用的裝備寄回紐約。血山之戰沒嚇壞我，但這三天實際走下來，我認為若不盡可能輕量化，終究會吃不消。我送走了五磅，步伐輕快許多，每天的徒步里程拉得更長。

老天還是眷顧認真的人。今天翻過幾座山來到埡口的路上，啤酒肚大叔喊了我：「要來些吃的嗎？」大叔架了兩頂大帳篷，將通往阿帕拉契山徑的路都攔住了，這下找不到理由推卻盛情了。

我說：「好呀！」

幾名步道天使遞給我墨西哥辣豆雞湯、炸玉米餅，還有櫻桃可樂，後方的帳篷是無限自助飲料吧、沙拉吧、水果吧，還有手機充電區，簡直是徒步者天堂呀。

幾個徒步者坐在露營椅上圍了一圈大啖美食，分別是來自亞歷桑納州的夫妻、來自英國的情侶，以及我，來自紐約市的台灣人。

啤酒肚大叔非常享受與人相處，也有點調皮。他說道：「以前接待過一位徒步大媽，當時我就像現在一樣，看見對方遠遠出現，便熱情歡迎。我一聽對方的口音，馬上知道她來自故土（motherland，指英國），立刻改用英國腔說『來份英式下午茶嗎？』大媽一聽愣了一下，然後說好。我又問『要先來一杯現泡紅茶嗎？』大媽立刻潸然淚下。」

啤酒肚大叔說完大笑，對於自己的調皮感到好得意，但隨後就收起笑容正經說：「我真的很喜歡人們的真性情，這也是為什麼我能一直持續付出的原因。」

我問啤酒肚大叔，你們每天都會出現嗎？他說並不是，只有週末。我覺得自己實在太幸運了！

我告訴啤酒肚大叔：「好時機、好天氣、好人們，都讓我遇上了，真幸運。」

如果這是老天昨天在血山惡整我的補償，那麼真是划算了。

不過，不能在步道天使旁待太久，會發懶。我還有路要趕，於是跟啤酒肚大叔們道別，又走了十英里，累兮兮爬上山頂的庇護所營地。

我紮營時，有個穿著藍色夾克大叔拎著大約一加侖的大水桶經過我。沒有人會隨身帶著大水桶，我猜他是某個熱心服務的登山客，專程去水源區取水，讓我們這些徒步者在疲憊之餘，不需要為了飲水再走一段路。

他先經過我，然後才轉身，停下來問我今天過得好不好。這蠻特別的，那不是一個常見的打招呼方式，他是專程來關心我的狀況。

我心想，我一般不會跟人抱怨我的狀況，如果我說不好，而對方想試著幫助，首先我就會覺得尷尬，而且也會造成對方的困擾，我猜他可能會將庇護所的床位空出來給我，我沒想要發生那種事情。

腦袋轉了一圈，我理所當然的說：「謝謝你的問候，我很好。」

這一句招呼讓我覺得很溫暖。

幾頂帳蓬圍著營火，幾個徒步者圍著聊天至半夜。夜裡無雲，月光亮得太耀眼，穿過樹稍，星空依稀可見。今天很完美了，晚安。

（19.1 / 50.1 / 2200 英里）

阿帕拉契山徑徒步穿越 Day 5

第一次迷路

昨晚將身體拖到營地，鑽進睡袋就不想動了。夜裡寒風凜冽，身體又不斷從睡墊滑走，頻頻醒來，昨天累積的疲憊自然消散不了。

早餐後，太陽從對面的山峰升起。整理行囊，繼續往下個營地邁進。原本以為過了血山一切會變得簡單。並沒有。阿帕拉契山徑的路線規劃者似乎總是尋找眼前最高的山峰，我們就這樣被帶著，在喬治亞綿延的山峰留下一道足跡。

午後的陽光實在太烈，曬得我昏沉沉的。隨著向上延伸的步道，我走進一片林蔭，蜿蜒的枝幹扭曲旋轉，不知是否因為奇特的生長方式，樹木格外低矮，如同走入綠色隧道，我抬頭朝著明亮的出口前進，彷彿聽到蟬鳴。

此時此刻，我宛如回到鄉下外婆家，每個令人發昏的艷陽午後，都有我尋找村裡秘密通道的記憶，可能是堤防裡的蘆葦小徑、可能是鄰居家蔭蔽的瓜果棚架下，我專注在自己的想像世界裡冒險犯難。但是，當我開始感覺害怕的時刻，蟬鳴聲就會立刻在我耳邊響起，很快的將我拉回現實，提醒我該回家了。又是一個無人知曉的午後。

「知了知了知了——」

此時不可能有蟬聲傳出，那都是記憶裡的氛圍。

當我雙腿已經疲憊，步伐越來越沉重的時候，一名矮小皮膚白皙的中年男子超越了我，他穿著白色襯衫，斜背皮質公事包，與其說是登山客，更像是一名學者。

老實說，截至目前為止，每天我都能超越十幾名徒步者，這是我第一次被人追過去。或許是不服輸的個性使然，我開始奮力追逐。但那名中年男子的背影總在轉角處悠悠消失。

就這樣追到頂峰，他站在開闊的岩石平台。拜絕佳的天氣所賜，得以展望整個喬治亞直到地平線盡頭，讓我心情極為舒暢。

此時我才能好好看清楚那名中年男子的模樣，有如嬰兒般的臉龐，碧綠色的純真眼眸。他氣定神閒望著遠方，指著遠方山煙的位置，用英國口腔連續說了一堆我無法記憶起來的山名，他說昨晚翻書才知道的。

望著遠方的山煙，我唯一能肯定的，就是我繞著它翻越一層層山巒一路至此。

他問我從哪裡來，我說台灣，為了走完阿帕拉契山徑而來。他說他是本地人（咦！怎麼不是英國？），今天特地來走這條與阿帕拉契山徑重疊的步道。我們望著遠方不語，安靜享受山頂的微風與美景。

不知靜默了多久，那名中年男子悄悄離開了。

下山途中我遇到兩個重裝老夫妻，年約六十五至七十歲，與我擦身而過往山頂去。他們的背包上居然掛著薰衣草色的阿帕拉契山徑標章！那是二〇二三年的專屬顏色。「南行者」嗎？可是三個月就從緬因州走到這裡？這可是破紀錄的速度了，他們那麼年老，不可能有這樣的腳力啊。

話說有個七十八歲老奶奶正獨自走上阿帕拉契山徑，新聞報導說阿帕拉契山徑年紀最大的挑戰紀錄將被更新，那位老奶奶應該在我後方不遠。

不多久，我居然又遇見那名中年男子，我問：「你要原路返程嗎？」

他說：「不，我迷路了！」

我傻眼，但前方確實不再是代表阿帕拉契山徑的白色標記。這意味著我也迷路了，那一對老夫妻一定也迷路了，所以才會又返回山頂找路。我跟中年男子一起找到岔路口的白色標記。我說：「你比較快，你先走吧。」中年男子遲疑一下，用英國口腔問：「不要覺得我失禮，但你要離開步道嗎？我的車就停在山下，我可以載你到市區。」

我回說：「謝謝了，但我要繼續走。」

男子說：「好的，保重了。」

很快的，他快速衝下山坡，又在角落消失了。之後我一個人漫漫行走，直到太陽漸漸落下，直到水瓶沒有半滴水，直到抵達峽口，我沿著道路走到不遠處的青年旅館。

進到青年旅舍，可能是打工換宿的徒步者，為我做了旅舍導覽。我八成太累，把行李丟在通鋪臥房，買了幾包泡麵、肉乾和可樂，就在餐桌上不顧形象吃起來。接著沖掉渾身臭汗，將髒衣服丟進洗衣機，等待的同時拿了瑜珈墊跟滾筒，自顧自在後院草皮按摩雙腿。

大概是太少人會利用工具放鬆肌肉，旅舍裡的兩隻貓對此非常好奇，在一旁伺機佔據瑜珈墊，在與兩隻貓你爭我奪的過程中，我還真當在自家一樣輕鬆。

平常我太顧慮他人的感受，在群體裡覺得綁手綁腳。此刻疲勞感卻是卸除我社交恐懼症的良方，我必須更好的對待自己，如果做不到，可能就無法適應往後的步道人生。

入夜後，圍繞著營火的掛燈亮起，大家紛紛開始準備晚餐。按摩完之後，我的肚子又餓了。我買了一包冷凍雞塊，來到餐廳微波加熱。一個老人家跟我打了招呼，坐在餐桌對面寫日記。我在他面前獨自吃一整袋雞塊，怪尷尬的，所以我問：「你要吃雞塊嗎？」

他說：「不用了，謝謝。」彼此談了一會兒，原來我們都是今年的阿帕拉契山徑徒步者，他的步道名叫瑞瑟斯（Recess）。

瑞瑟斯問我知不知道Recess什麼意思。我說不知道。瑞瑟斯說，那是小學生下課後跑去玩耍休息的場所，就跟他退休之後的生活一樣，他開過拖車去羅德島騎單車，現在與老婆分段完成阿帕拉契山徑，每天都過得很充實。他把日記本遞給我看，那是他自己製作的，用來記錄退休生活。

瑞瑟斯知道我來自台灣，表情顯出些感觸。他說曾服役四年，退役後當過會計師，因為喜歡與小孩相處，又轉行去小學教書直到退休。他老婆則是在菲律賓服了二十二年兵役，女兒同樣是海軍學校畢業，在中國待了四個月，能說流利的中文。由於美國眾議院議長裴洛西（Nancy Pelosi）訪台導致兩岸軍事敏感，他女兒與美軍艦隊被派駐南海。

瑞瑟斯還有一個同樣是軍人的兒子，則被派到俄羅斯，在當地認識不少好朋友。俄羅斯侵略烏克蘭之後，他兒子調返美國，說俄羅斯很多人，包含他的朋友在內，都反對戰爭。

人生無常，尤其國家之間的政治紛擾，瑞瑟斯無法不擔心子女，但盡量充實的退休生活卻是他現在唯一能掌握的事了。

接著瑞瑟斯跟我聊艦隊上的趣事，以及他們旅行中國的見聞，有趣的很。今天我折騰的夠多了，按摩後放鬆的身體開始讓我感到精神不濟。我跟瑞瑟斯說：「晚安，謝謝你的故事。」一躺上床就昏睡過去了。

明天，我將擁有第一個真正的全休日。

（19.1 / 69.2 / 2200 英里）

阿帕拉契山徑徒步穿越 Day 6

第一個全休日

對徒步者而言，飲食極其重要。徒步二十英里消耗熱量約四千五百大卡，但我認為一天吃進相等的熱量，比徒步這件事更困難，一天得吃四餐，外加三頓行動糧才能打平。因此我會把握每個在城鎮大飽口福的機會，這也是我今天最重要的任務。

下午一點，接駁車往海華西（Hiawassee）出發，一群徒步者經歷幾天艱難的路段，興奮之情滿溢車廂，難以壓抑。幾位特別貪吃的大鬍子，開始討論沿路的步道魔法（Trail Magic），啤酒肚大叔的磅蛋糕公認第一名。

我內心暗暗可惜，當時亞利桑那夫妻就稱讚磅蛋糕的美味，還跟啤酒肚大叔要食譜呢。但是，我吃飽之後就急著離開，這阿帕拉契山徑上的夢幻逸品看來我是無緣品嚐了。

接駁車停在超市，司機告知我們返程的時刻，一群飢渴的徒步者被放下車。我逕自跑來事先調查過的牛排館，進餐廳跟老闆商量後，多花一些額外的費用獲得炸雞與沙拉吃到飽。服務生桑迪（Sandy）是個熱情和藹的老奶奶，端來放在燒得吱吱響的鐵盤上的牛排，站在我面前說：「我要確定你吃了滿意才離開。」

怎麼跟瑞瑟斯一樣愛看我吃東西？牛排超級美味，我真心的給了個大拇指。

飽餐一頓後，我回到超市補給，然後等待回程的接駁車。此時，我遇見跟我同一台接駁車的徒步者，我們買完補給品後坐在商場外的桌椅聊天。他說他的步道名叫賽文歐（Seven-O）。我問那是什麼意思？他說就是七十歲的意思。

天啊，真的看不出來，賽文歐居然是我目前在步道遇到最老的徒步者。我說：「你看起來比實際年齡更年輕。」

賽文歐說：「因為我沒留鬍子。」他撫摸自己的腮幫子說：「感覺今天該剃了。」

賽文歐一直有完成阿帕拉契山徑的夢想，但他必須照顧生病的父親與姊姊，現在他們都離開了，他覺得踏上阿帕拉契山徑的時候到了，再過兩年說不定就走不動了。

我不知道他有沒有結婚，他說得輕描淡寫，我卻感覺有種無奈的沈重。

回程的接駁車上只有我跟賽文歐，其他人還有更多新奇事物要鬧，肯定都去擠最後一班車。車廂裡播放緩慢悠揚的鄉村樂，望著農場與莊園從車窗劃過，我想人生就像一首歌，他們用自己的故事填詞，只要眼裡還散發光芒，旋律就持續進行著，生命依然在發光發熱。

明天就離開喬治亞州了，再見。

（0 / 69.2 / 2200 英里）

阿帕拉契山徑徒步穿越 Day 7

不要在營地炊煮

早上五點醒來，盥洗與整理行李之後，想喝杯咖啡，便在徒步者之箱（Hiker Box）挖寶，居然找到一碗杯麵，運氣很好的在出發前獲得一些能量。

我從青年旅舍走回步道，滿地枯葉，小徑漫長，沒有一片綠葉，沿路僅有單調的黃褐。不知過了多久，我望見遠方一個綠色背包的身影，那是一名高瘦青年，步伐節奏穩定，成為引領我的指標，我花了好一段時間才追上。

此時已抵達北卡羅納州邊界，即將離開喬治亞州，利用停留在邊界路標合照的空檔，我們終於有機會聊了幾句。他是來自南卡羅納州的保羅（Paul），性格和善，我們剛好同一天從阿帕拉契基地營出發，同樣也將完成時限設為五個月。

我問保羅：「你一天走幾英里？」
保羅說：「十六英里，你呢？」
我說：「大約二十，今天的目標是二十三英里。」
保羅驚訝說：「這樣很快耶。」
我馬上覺得自己是不是太托大了，笑說：「只是目標啦。」
腳程超快的他，正適合當我的兔子（配速目標），拉著我往前。跟保羅正式完成一個州之後，前方還有十三個州。今天爬坡強度蠻高，看到好幾座大山比血山還高，而且路線都是筆直往上，對腳力是大考驗。

保羅腳步輕快又穩定，走在他前面壓力頗大。我緩下來休息等他，讓他在前方領隊，之後我就被海放了，連車尾燈都看不到。

一個人在森林裡走了好久，反正追不到保羅，乾脆多拍些照片。不專心走路的下場就是扭到腳，幸好不太嚴重。通過艱辛路段，終於抵達十六英里處的庇護所，此時保羅神奇的出現在後方，原來他中途跑去其他營地吃午餐了。

保羅還沒忘記我說的話，問我：「你走了二十三英里嗎？」

哈哈，聽起來真像挖苦。

我笑說：「我決定放自己一馬了。」

但我馬上打臉自己。庇護所旁的空地不太平整，連保羅都跑到遠離庇護所之處紮營，要是住進庇護所，就得跟一個看起來很會打呼的男生擠。

我掙扎片刻，決定往下一個營地前進，臨走前跟正在紮營的保羅說：「我又決定虐待自己了。」

保羅笑著說，「祝你好運。」

這個決定有點冒險。大部分人會在天黑前紮營，我又累又餓，不確定能不能走到下一個營地。

在野外露營有個必要的常識，就是不要在紮營的地方炊煮，免得味道吸引冬眠醒來飢餓無比的熊，尤其此區域是野生動物保護區，告示也說附近有熊活動的紀錄。我必須謹慎，即便接近黃昏，也得在抵達山谷的營地前解決晚餐。

我在今天路線最高點煮了豚骨拉麵加泰式咖哩飯，搭配落日前的景色，一頓完美的晚餐彌補了一整日辛勞。我疲憊的抵達山谷營地，天色尚未全黑，營地已經有一對來自密西根的老夫妻，他們將食物掛在樹上，顯然經驗豐富。太好了，只要營地不是只有我一個人，在面對熊這件事情上就踏實些。

（21.1 / 90.3 / 2200 英里）

阿帕拉契山徑徒步穿越 Day 8

第一個百哩

非常神奇的一天，希望不要再發生其他事情，不然日記寫不完。

早上四點半醒來，為什麼那麼早起床，因為想去下一個庇護所上廁所。雖然帶了貓鏟，但我希望盡可能文明一點。這是我第一次走夜路，再過一小時天就亮了，但還是有些懼怕，常常瞄到路旁有什麼東西，也不敢撇頭去看，只是心裡嘀咕：剛才黑黑的東西不是一條手臂吧？草叢的聲音不是熊吧？背後沒有東西跟著吧？

什麼事都沒發生，平靜的很，只是有時突然找不到路，會嚇一跳。很快的我抵達庇護所，「解放」任務完成，隨後在景色優美的岩台上煮了泡麵當早餐。

今天將通過阿帕拉契山徑第一個百哩，對挑戰者來說，這是令人興奮的里程碑。但這第一個百哩似乎是路線規劃者對挑戰者的考驗，得手腳並用攀爬超過三十度的陡坡，用敬畏的態度一路磕磕拜拜才能爬上五千多英尺的峰頂，報酬是值得的：廣角眺望北卡羅萊納州群山。

剩餘的路段相當平順，當我以為今天就這麼結束時，有個人突然從樹後冒出來，一個戴圓框眼鏡的高瘦金髮男子。我問他是阿帕拉契山徑的徒步者嗎？他說不是，我猜他應該是本地的單日登山客，網路訊號在山谷裡總是特別差，因此我無法查詢往城鎮的交通資訊。我問他：「我想要去富蘭克林（Franklin），前面的峽口可以搭車嗎？」他說：「可以，三點半會有一班巴士往市區，那應該是今天最後一班。」

我聽到趕緊跟他道謝，然後往前奔跑，這讓我提早一小時抵達。沒多久那位單日登山客也緩緩走下山，我上前問：「你也去鎮上嗎？我想揮手攔車，你想要一起搭嗎？」

其實我也不知道哪來的勇氣，舉手攔車應該是除了熊我第二害怕的事呀，怎麼我突然那麼勇敢了？後來我想如果兩個人上車，我就不用跟司機聊天。我第一怕熊，第二怕尷尬。

他說：「不，我要繼續往前走阿帕拉契山徑。」

我看到他背包上掛著二〇二三年步道標籤。我納悶了，為什麼他說他不是阿帕拉契徒步者？

他說：「我的步道名是山地開特力（Mountain Gatorade），住在多倫多，這次專程從喬治亞出發，想要用六個禮拜熟悉步道，順便訓練體能，不打算完成全程，所以不覺得自己是通徑徒步者。」

多倫多是多雪之地，山地開特力很熟悉雪地環境，傳授我一些雪地知識，某方面也減緩了我對雪地陌生而累積的心理壓力。

他啟程離去時問我需不需要食物，他背太多了，如果我急需，他可以分給我。我說：「謝謝，不用了，我要進城，應該能找到補給。」然後他就跨越公路離去了。

我覺得應該攔車去城裡，我不想花時間等一班不確定會不會出現的公車。山地開特力才離開，一台小貨卡調頭駛到我面前問：「你是阿帕拉契山徑徒步者嗎？要去鎮上嗎？」

我說：「是的，我要去。」

他說：「我是專門載登山客的接駁車司機，我可以載你，不用收費，就像步道魔法。」

我納悶，這是什麼情況？也太幸運了吧，手還沒有舉就攔到車了。

接駁車司機名叫巴比（Boddy），希臘裔美國人。上車後就跟我瘋聊，他覺得我移動的距離蠻大的，就問：「你在挑戰CYTC嗎？（年度三冠王Calendar Year Triple Crown）嗎？」我不知道那是什麼，經巴比解釋，我才知道美國有三條貫穿國境的長距離景觀步道，除了阿帕拉契山徑（Appalachian Trail, 2194英里），還有因徒步者自傳電影而知名的太平洋屋脊步道（Pacific Crest Trail, 2653英里），以及最長的大陸分水嶺步道（Continental Divide Trail, 3100英里）。能把這三條步道走完的人，不管花幾年分幾段完成，都會獲得三冠王頭銜。CYTC是徒步者中最崇高的頭銜，要得到這個頭銜，必須同一年完成這三條步道，不只要走得遠，還要夠快，因為步道經過許多國家公園，很多地區雪季不開放，實際上每年能步行的時間只有九個月左右。CYTC是徒步運動中最具挑戰性的，至今完成CYTC的可能不到四十人。

必須說，對於熱愛挑戰的我，CYTC馬上成為嚮往的目標。

巴比載我進入富蘭克林，並為我導覽哪裡可以添購裝備與補給、哪間餐廳報上徒步者名號能得到免費餐點。我需要找旅館，於是巴比將我載到城郊一間青年旅舍。

一切都太理所當然地順利，簡直就像詐騙套路，反而令我生起提防之心。我暗暗記住往城鎮的路徑，小貨車沿著碎石道路開上小丘，青年旅舍出現了。

我看到熟悉的人，在上個青年旅舍友善問我要不要吃現煎漢堡的徒步者，超級熱心的他正在幫青年旅舍除草。他那麼操勞，真的能走完全程嗎？

那是一間鵝黃色木造小屋，掛著藏傳佛教五色旗，屋子周圍擺滿了溫馨的飾品，讓小農園顯得有些簇擁。巴比介紹旅舍老闆ZEN給我認識。

ZEN約四十五歲，戴著厚鏡片的圓框眼鏡，慵懶的眼神搭配溫儒的談吐，總是帶著不經意的幽默感。我感覺他很精明，優雅的想拉近與你的距離。

ZEN與美麗大方的女友星星鬆餅（Star Waffle）一起經營這間旅舍，旅舍空間不大，擁擠的通道擺滿各種收藏。我告訴ZEN想要比較私人的空間，才能感覺得到休息，因此ZEN將整個交誼廳整理好給我當臥房，條件是他的狗會來跟我共用沙發。

基本上待在旅舍內是相當舒適的，心理上也同樣如此。ZEN是個古怪的人，去過少林寺學猴拳、熱愛藏傳佛教，還將與喇嘛大師的合照擺在客廳最顯眼的地方。我們討論氣功，以及我在鄉下與老人一起學外丹功的神奇體驗，他居然也能跟我解釋其中的原理。最後他得意地演奏了他收藏的缽，說共鳴聲能按摩內臟。

星星鬆餅則是女主人般的角色，明明是初次見面，但馬上把你當作家人，居然能記住每個短暫停留的旅人名字。

我的擔心是多餘的，ZEN的開價很隨興，我根本沒在住宿與補給上花多少錢，還有免費水果跟接駁巴士，跟著一群徒步者生活在一棟房子裡，一晚就建立起家人的情誼，實在是我沒體驗過的嬉皮式生活。

我預測今天應該是單調無聊的一天，畢竟我整個上午都沒跟人講過話，所有的專注力都用在百英里的里程碑，而且前幾天的休息日，我也真是聊夠了，蠻想放空一下。豈知遇到山地開特力之後，就跟搭雲霄飛車一樣，讓我度過變化難測的一晚。

在寫日記的同時，我聽到女生的聲音輕喊著：「Evan~Evan~」我望向沙發上的大狗，大狗與我四目雙交，我心想：「你在跟我說話嗎？」

星星鬆餅的手從門簾後伸出來，指著牆上的開關說：「如果你要關燈，開關在這裡。」

哈哈，我真是過了見怪不怪的一天。

（19.1 / 109.4 / 2200 英里）

阿帕拉契山徑徒步穿越 Day 9

一個人往山上狂奔

安迪（Andy）往前彎下腰，把頭放在胯間說：「我要讓凱莉（Kelly）把阿帕拉契山徑的徽章刺在我的屁股上。」說話的同時，放了一個響屁，全場大笑。

凱莉說：「現場全部人都可得到一個免費的刺青，安迪除外。」

這是一個奇怪有趣的組合，有和藹高大的教授、刺青師凱莉與耳洞很大的暖男男友、面惡心善的安迪、一個穿裙子當睡衣的蘇格蘭男孩、四處對人採訪的神秘老奶奶，以及一個愛流浪的台灣人。

我是那種看電視劇時劇情變得難解就棄劇的人，早上發生一些不愉快的事，讓我想盡快逃離。起因是原本應該免費的接駁車，因太多人前往步道口，必須要開另一台大車，老闆打算額外收五美金。我不覺得五美金是很高的費用，多數人沒意見（教授還直接給了十元美金），但凱莉卻對這臨時又額外的費用感到不開心，以致氣氛有點尷尬。

我想，老闆把我們放下之後，凱莉應該會在集團裡抱怨吧。我想保留昨晚愉快的氣氛，遠離負面情緒，於是趕緊告別，一個人往山上狂奔。

山裡好寂靜，連鳥叫聲也沒有，枯槁的樹幹顯露在光禿禿的斜坡上，一眼能看盡蜿蜒的步道。我翻越一座座山峰，高度不斷疊加，直到抵達瓦亞禿峰瞭望塔（**Wayah Bald Lookout Tower**）。

瓦亞（**Wayah**）為原住民切羅基（**Cherokees**）族語，是「狼」的意思。原住民為了爭取長久生活的土地，經歷了內部爭端、血腥暴力和政治衝突，絲毫不願退讓，一直到一八三九年等到新憲法，才終於獲得自己的權益。

原住民切羅基跟我的心情是呼應的。走在大自然裡，我只想在心裡保留一份往前的憨直，不願意被人類社會的紛擾遮蔽了看待事物的單純之眼。

我眺望遠山，那就是傳說中的大煙山嗎？我遠離那群人與富蘭克林了嗎？如果是，那太好了，擾人的訊息終於離我遠去。

今天在山林裡我只遇見一個人，是一個大鬍子青年，我與他互相交纏超越，直到他走進庇護所躲雨。我不太想休息，儘管不太合身的壓力褲已經讓我胯下皮膚有些磨破，我還是繼續走。

大煙山國家公園路段長達七十五英里，園區裡無法補給，我一定要在補給站採買足夠的糧食。山谷就有一間大型戶外用品店，不過要等到早上九點才營業，就算今天到得了，也只能在門口乾等。既然如此，只好停下來找個地方紮營。

大煙山終年雲煙繚繞，每個人回報的都不是什麼好下場，我很期待它會怎麼整我。我曾與安迪聊天，我問：「你預計帶幾天份糧食穿越大煙山？」

安迪說：「夠快的話，三天就能穿越。」

煞費腦力的事我不會，但費體力的我很在行。

大煙山後，我要大吃一頓。

（21.6 / 131 / 2200 英里）

阿帕拉契山徑徒步穿越 Day 10

死亡交叉點

度過濕答答的雨夜，在冰冷的濃霧清晨中醒來，離開睡袋需要很大的決心。我收拾完裝備出發，跟其他帳篷的懶蟲揮手再見。

沿路不少倒樹擋道，不只要跨越，還得當心濕滑，讓我的速度更慢了。到了稜線，一處岩石平台藏在樹梢之間，我好奇心站上一看，開闊的景色展露在眼前，雨霧快速變幻，山巒似近似遠漂浮於雲端之間。我看得入迷了，直到身體因淋雨漸漸失溫，才將我拉回現實。

下了山就是南塔哈拉戶外中心（Nantahala Outdoor Center），這是一間全方位戶外用品店，空間明亮寬敞，戶外裝備及補給品齊全。幾個徒步者聚在店外椅上聊天，討論接下來的去處。戶外中心緊鄰湍急的河流，河流中插了標竿，是極限泛舟者使用的競賽設備。

或許想吸收此處冒險者的氣息，我舀了河水來煮，用墨西哥風味的燉飯當早餐，飽餐一頓後出發，跨越長橋到對岸，沿著阿帕拉契山徑的白色油漆往山裡邁進。

今天遇到的徒步者極少，我覺得大家都注意到了「死亡交叉點」（我自己的定義）。後天有極高的降雨機率，當晚氣溫將降至冰點，失溫凍死本是阿帕拉契山徑的熱門死法之一，大煙山國家公園又以不穩定的氣候著名，沒有人想在危險的情況下冒險進入大煙山，現在適逢周末，原本稀少的旅店床位就變成徒步者的必爭之地。

今天的山徑實在太陡了，有種在爬牆的感覺，剛補給完的背包又特別沉重，好幾次我得停下來喘口氣。從早上起就細雨綿綿，爬上當地最高峰契亞山禿（Cheoah Bald），終於放晴，一甩整天的潮濕陰鬱。山頂有登山客過夜後棄置的營火堆，視野寬闊的契亞山禿同時也是觀賞大煙山南端的最佳位置。

當我走到山谷的州際道路時，心生不祥的預感，警告我必須打電話預訂明後天的旅館。果不其然，預感成真，大煙山附近真的已經訂不到旅店了。

離我最近的旅店就在腳下這條路附近，離大煙山還有一段距離，比較少徒步者注意到。打了幾通電話，終於得到回應，一晚美金三十五元，還跟老闆講好我將乘接駁車之便，明天以輕裝消化掉進入大煙山國家公園前的十六英里山路。

後天將是大雨天，我可以在旅舍躲雨，大後天，也就是週一，可以用最好的狀態進攻大煙山。我真是佩服我的直覺，算盤撥得又精又準。

在峽口來接我的是和藹可親的老闆朗尼（Lonnie），朗尼是當地工程公司經理，同時經營青年旅舍。公司同意，每當有徒步者有需要，他可以花十五分鐘接送。朗尼知道我將在青年旅舍待上三天，便說：「我得先帶你去超市採買食材，在青年旅舍你得自己準備三餐。」進到旅舍，驚覺我太幸運了，獨佔整棟青年旅舍！廚房也很大，明天我要拜託接駁車司機載我去超市買牛排，大吃一頓。

（19.6 / 150.6 / 2200 英里）

阿帕拉契山徑徒步穿越 Day 11

神救援

日出像火焰一般耀眼，將山丘上的枯木都燒成金黃色，透明感的漸層青色緩緩堆疊成遠方的山水畫。我只攜帶必要裝備，朗尼一早就將我載到阿帕拉契山徑入口，今天我會消化掉大煙山前的路程，再搭接駁車回旅舍。

進入步道沒多久就遇到兩個極陡峭的長坡，得將登山杖插進地面，再利用臂力將身體拉上去，即便輕裝背包，還是氣喘吁吁，肌肉痠軟。天呀！如果背上三十磅背包，這段路不知走不走得完。

一整天只遇到一位徒步者，路經庇護所也沒看到半個人影，大家好像突然都消失了。

我記得朗尼的交代，經過山頂的庇護所後記得發訊息給他。他說這一帶通話訊號很不穩定，在這裡發訊息給他，好讓他隨時可以支援。因為是輕裝，越過陡峭路段後，我加快步伐，很快就翻越過最後一座山峰，抵達今天的終點芳塔納水壩（Fontana Dam）。

在水壩附近果然完全失去訊號，我按照先前接駁車司機佛雷德（Fred）在電話的指引，走進水上碼頭，向遊艇俱樂部借電話，但沒接通。櫃檯的年輕人說：「這裡訊號不穩定，對方可能也沒訊號，要再等一下。」我意識到，這就是今天最艱難的部分。

我不喜歡乾坐枯等，雖然不知是否正確，但我決定返回步道，去上次還收得到訊號的位置。才走回步道，一台貨卡停下車攔住我：「你要去哪裡？我是接駁車司機，要去前面載人。如果你要去哪裡我可以載你一程。」

我跟他說：「我手機沒訊號，我想打電話給接駁車司機。」

我突然意識到，他該不會就是來載我的吧？我問：「你是來載一個亞洲人對吧？」我昨天聽到朗尼在電話中這樣形容我。「你是佛雷德對吧？」我又想起名片上的名字。

他說：「是的，我是佛雷德。」

賓果！朗尼幹得好。

（13.7 / 164.3 / 2200 英里）

阿帕拉契山徑徒步穿越 Day 12

長程徒步的生存之道

半夜下起雨，雨勢蠻大，昨晚入住青年旅舍的年輕夫妻決定再住一晚，這意味著朗尼得戴他們去鎮上採買食物，我也能搭便車去買牛排了。

休息日來聊聊徒步的生存之道，就說炊煮系統吧，阿帕拉契山徑畢竟不是單日郊山，以補給城鎮的距離而定，背個三、五天糧食很常見。現今通徑徒步的趨勢是輕量化，我不是輕量化的終極實踐者，還不到連一克重都要計較的地步，選擇的還是性價比最高的裝備。炊煮需要爐頭、鍋具、餐具及瓦斯罐（消耗品）這幾項大概二十五美金以內就可搞定，我稍微奢侈一點，鍋具餐具換成鈦金屬材質，節省一點重量，以便多帶一份行動糧。

我的主要食物是冷凍乾燥餐包，只需三百至六百毫升滾水，加進包裝袋即可完成，省水省瓦斯。乾燥餐包需要等十至二十分鐘，這時再起火煮個泡麵當點心，一頓飯可以吃得很飽足，外國徒步者覺得泡麵熱量不夠，通常還會再加一包馬鈴薯粉。冷凍乾燥餐包提供高熱量高蛋白，再搭配蛋白質能量棒當行動糧，以及純粹為了口慾而帶的肉乾條，我一天吃這些就足夠，沒餓過，泡麵是為了口慾，非必要。

GPS腕錶會記錄當日熱量消耗，通常在四、五千卡之間，我吃進的熱量不足兩千卡，我很好奇那麼大的熱量缺口從哪邊補呢？後來我想，這種長時間的運動心率介於一一〇至一三〇，此區間的能量來源是脂肪，所以只要進城補給，我完全不控制飲食，能吃多少就吃多少，只是胃容量有限，攝取量比在城裡生活時少很多。

另一個重點是補給。阿帕拉契山徑設置目的之一是要帶動郊區城鎮的經濟，因此阿帕拉契山徑是一個特別容易補給的步道，而這條路線早在一百年前就劃好了。舊方法是帶著指南書，它會告訴你哪裡可以補給，但現在幾乎所有通徑徒步者都使用手機APP（雖然我也在Hiker Box看到指南書），衛星定位可以離線使用，不影響地圖功能，穩定獲得補給點、水源點、營宿點、戶外用品店的資訊，對安排補給行程助益極大，也更安全。如果我從地圖知道下一個糧食補給點只有三天距離，就不會揹八天糧食，水源離我有三英里，就不會多揹飲水，我因此節省很多體力，也可以踢（用踢比較有氣勢）更多路。

徒步野營在美國蠻普及的，糧食與瓦斯取得方便，步道資訊也清楚，加上GPS定位，要迷路也不容易，最重要是掌握自己的體力極限，雖然爬山有一定風險，但比起過去已經是很安全的運動了。

（0／164.3／2200英里）

Day 13~23

克林曼圓頂 Clingmans Dome

「我想我還能再走一點，湊滿二十五英里。」

ALEX 牛眼大瞪：「你瘋了嗎？」

阿帕拉契山徑徒步穿越 Day 13

芳塔納水壩

在美國聽到國家公園，就意味著極其壯觀的世界級景觀，例如大峽谷、優勝美地、黃石，若論每年遊客人數，「大煙山國家公園（Great Smoky Mountains National Park）」總是穩穩霸佔全美第一。大煙山有什麼標誌性景觀嗎？我沒有什麼印象。

早上佛雷德載我回到步道，他說還要去接另一個人。到了其他旅舍一看，一個留著大鬍子的年輕人，這不就是那天與我在瓦亞禿峰瞭望塔交叉超越的人嗎？他說他叫亞歷克斯（Alex），我們記得彼此，大概是出於對彼此體能的惺惺相惜。

我們兩個起點不同，他是在大煙山的庇護所，我則是在水壩口，相距大約二．五英里。我下車說，待會見，然後我就開始趕路了。雖說氣象預報說今天會是好天氣，但早晨卻是濃霧中飄著細雨，進入大煙山國家公園後應該會好多了吧，我想。

走在芳塔納水壩巨大的壩頂道路上，眺望壩底渺小的房子與道路，高差大概四十層樓。芳塔納水壩誕生的時空背景複雜，時當一九四一年日本偷襲珍珠港三週後，為了提供具有重要戰略需求的鋁業用電，美國動工興建芳塔納水壩，當時流傳「上工或者上戰場（Work or Fight）」的口號，大量人力因此投入建造工程，晝夜不停，創下驚人的紀錄。一九四五年初，法國存在主義哲學家薩特（Jean-Paul Sartre）在戰時新聞發布會來到芳塔納水壩，對這座一夜之間在荒野中崛起的小鎮驚訝不已。我站在因群體人性的衝撞而誕生的巨物之上，儘管時隔八十年，仍感到頭暈目眩。

山勢緩緩向上，細雨稍緩，我以為氣象預報果然準確，卻發現森林中飄揚著微微的白色細塵，並隨著來自谷底的風流湧向高處，居然是雪花！而且隨著海拔攀升，我從枯葉林跨進界限分明的白雪世界。人人都說大煙山變化莫測，果然不假。踏在新雪上倒不厭煩，直走了八英里才在一處庇護所追到亞歷克斯，跟他打了招呼，繼續往下一個庇護所前進。

在白雪覆蓋的林道跺著步伐，強風挾帶低溫，體溫逐漸流失，抵達十二英里處的庇護所時，不得不躲進室內煮食。

不久亞歷克斯追了上來，問我今天在哪裡過夜。我說：「本來想在下一個庇護所休息（亞歷克斯點頭同意），但那在十九英里處，我想我還能再走一點，湊滿二十五英里。」亞歷克斯牛眼大瞪，他的鬍子很濃很密，我看不清他的表情，但眼神透露的應該是：「你瘋了嗎？」

我趕緊解釋：「抵達十九英里庇護所才下午四點，太早休息了，應該多走一些吧？」

亞歷克斯說：「我要走了。」他大概是要抵達十九英里，依體力再做決定。

吃完午餐，上路。踏融了的雪讓路變得泥濘濕滑，冰水滲進鞋裡全身發冷。放眼雪白一片，單調的色彩讓時間變得煎熬，這二十五英里真是不好啃呀，但不走到目的地就等著遇難。氣溫極低，手腳越來越不靈活，附近沒有可紮營的地方，只能硬著頭皮走下去。

終於，接近天黑時我抵達二十五英里庇護所，已經有三個徒步者在睡覺了，全都埋進睡袋……不知道亞歷克斯在不在。

（25.5 / 189.8 / 2200 英里）

阿帕拉契山徑徒步穿越 Day 14

AT最高點

極其痛苦的一夜。我將所有衣物穿上身，手腳軀幹飽受壓迫，冰寒與壓抑齊功，簡直連胃都痛了起來。腳趾最慘，即便穿了襪子、羽絨腳套、保潔毯加睡袋，還是冷到發痛，真擔心醒來時是不是要截肢了。

清晨氣溫降到攝氏零下十度，所有動作都伴隨極大的痛楚，只要在空氣裡暴露一分鐘，就會被凍傷。直到出發上路，血液流到末梢，疼痛才得以緩解。

或許是起床掙扎得太久了，出發沒多久就被亞歷克斯追上。跟我一樣，他被大煙山翻臉不認人的氣候整慘了，決定暫時退出步道。他聯絡了未婚妻在穿越道路的埡口接他，讓我也好想跟著他再來一個全休日。

身體凍到擠不出力氣了，沒辦法跟他一起趕去埡口，而且氣象預報說最近一個禮拜怎麼躲都差不多，只有盡快離開魔王大煙山才能脫困。

雪中的步道看起來沒什麼變化，在紛雪裡移動，基本上就是一種生命掙扎的心理過程，感覺像走了一輩子那麼久。

我登上克林曼圓頂（Clingmans Dome），那是個瞭望台，想當然爾除了雪，什麼都看不到。克林曼圓頂幾乎時時刻刻處於惡劣天候之下，一年只有四十天能眺望遠景，既然官方如是說，無景可看也不覺得可惜，不過此地是阿帕拉契山徑全線海拔最高的地方，就算繞路也得走上來見識見識。

下午不到四點，我已躲進庇護所，看來三天穿越大煙山是做不到了，但四天應該沒問題。整個庇護所僅我一人，我用凍僵的手指千辛萬苦泡了熱可可，咬了一根蛋白質棒，卻越待越冷。

我看著幾塊木材凌亂堆在壁爐裡，心想要是點燃了，我豈不成了世界上最幸福的人？一想到可以擺脫要命的酷寒，我又擠出點力氣來了。

我用瓦斯爐火噴燒，這應該是最有效率的作法，無奈燒了好一會兒仍無動靜，大概木頭濕了又結凍，以至於難以燃燒，凍到發疼的手指宣告美夢不能成真，趕緊躲進睡袋比較實在。基於昨夜的教訓，我進行了些改良，鞋子放進睡袋以防結凍，然後穿兩層襪子，希望今晚不會再那麼痛苦。

不多久，庇護所陸續又來了三人。欸，這不就是昨晚庇護所原班人馬嗎？這麼有緣，今夜又共度了。晚安。

（13 / 202.8 / 2200 英里）

阿帕拉契山徑徒步穿越 Day 15

大自然的嚴厲與溫柔

大煙山是切羅基人的世居地，他們稱大煙山為「Shaconage」（shah-con-ah-jey），意思是「藍色煙霧的地方」，源於漂浮山峰之上的藍色薄霧。隨著歐洲殖民者移入，雙方衝突，這塊土地漸漸由木材公司與造紙廠所有，大片美麗山林遭到砍伐。一九二〇年在民眾與環保團體的動員下，政府終於聽見呼聲，第三十任美國總統卡爾文·柯立芝（Calvin Coolidge）簽署了一項法案，成立大煙山國家公園，將相當於整個宜蘭縣的面積劃定為保護區，目的是拯救森林並為野生動物提供庇護，透過州政府與民間募資，購買土地與修繕，一九四〇年美國總統小羅斯福正式宣告大煙山國家公園誕生。

一夜好眠，即使攝氏零下七度，今天也不用再把腳硬塞進凍得硬梆梆的鞋襪，也沒有痛得需要生火取暖的手指，而且很快就收拾好出發。看來我已通過大煙山的震撼教育，暴風雪都不怕了，今後徒步令我害怕的事情不多了。

出發時見到久違的藍天，我知道今天終於能一睹大煙山的真面目，讓我對今天的行程充滿期待。

我必須說，藍天與光線讓我沿路都有一種置身雪國輝煌氛圍的感覺，每當爬坡疲累時，抬頭仰望台階頂端的晴空，都會生出繼續前行的動力。

亞歷克斯，你是不是太早退出步道了？今天可是適合徒步的好天氣耶！

但是，大煙山可不會讓你輕鬆，比起前兩天的新雪，今天最讓人崩潰的就是滑冰，上坡下坡都來一些，即使小心翼翼還是摔了三次，有次還差點讓登山杖落近山谷。上山的遊客絡繹不絕，有小孩有老人，我真替他們擔心。

亞歷克斯，你是不是太早退出步道了？真正讓人崩潰的在這裡呢。

步道旁有個水源，我與兩個女性徒步者排隊取水。這時有個金髮男子以輕快的步伐走近，讓我印象最深刻的是他非常禮貌的給我們一個笑容代替招呼。在與其他徒步者交談中，我知道我的速度不算慢，也從來沒有讓其他徒步者超越，例如保羅、亞歷克斯，雖然與他們彼此交叉超越，最終我還是領先，而且我的移動距離比他們更遠。現在，我默默將狩獵目標移到這名男子身上。

抵達二十英里後的庇護所，大煙山只剩最後十五英里緩下坡。這個庇護所位置極佳，廣場就有流泉，泉水旁是草坪，不少徒步者坐在草坪上享受落日野餐，笑談這幾天浩劫重生的經歷。我呢？早早就鑽進睡袋，用放鬆的心情安排明天的全休日。

（20.6 / 223.4 / 2200 英里）

這是個很好的告別，兩天來的痛苦與恐懼此刻都被療癒了。同時領教了大煙山的嚴厲與溫柔，我向這美麗的野生國度說：「很榮幸認識你。」

阿帕拉契山徑徒步穿越 Day 16

成為SAVAGE

當我們踏上步道，就開始經歷一段截然不同的人生。在這段人生裡，我們都擁有一個具有個人特色的「步道名」，可以自己取，也可以讓其他徒步者來取。我不想盲目的活成自以為的模樣，所以傾向讓別人幫我取步道名。

今天，我有了步道名。

大煙山最後一夜，在黑漆漆的庇護所裡，上下鋪至少睡了八個徒步者。睡眠空間越狹小，越在意其他人的感受，因此這一晚我睡得並不安穩，大概四點多就醒著等天亮，再也睡不著。在安靜的夜裡，不是只有我醒著，一旁的傢伙已開始整理背包，貌似準備出發了。我心想，好吧，等天亮這段時間也很痛苦，不如一起出發。

兩個人都用頭燈紅光照明，快速安靜的整理好背包。這時我才注意到，他便是昨天在水源區超越我的傢伙。他完成後，看著我整理，當我完成後便給了我一個大拇指示意出發。哈哈，我也回了一個大拇指。我被庇護所外的星空吸引了，操作長曝光拍照，又慢吞吞裝水，想當然爾，他早就不知道跑多遠去了。

即使趕路，我仍注意是否有滑冰。黑暗中我眺見城市的燈火，另一端的山稜則透著澄黃色的溫潤，天空染成紅與藍，美極了。

七點半左右，我撥電話給接駁車司機，請他在大煙山東端出口接我進城。我把時間約得太早了，十一點，我必須用三．三英里的均速才能準時抵達。我趕緊加速，跑著跑著，登山杖插進石縫中，被我一帶應聲斷裂。我的媽呀，這樣怎麼搭帳篷？

斷就斷著用吧。繼續趕路，經過一位在水源區盥洗的金髮男子，我認出他便是在庇護所督促我收拾背包的徒步者。因為趕時間，我匆匆跟他說了早安就繼續往前跑。跑上山坡，經過山頂懸崖滑冰路段，小心翼翼通過，這時他追上來了。我大感訝異，怎麼這麼快？

通過滑冰路段，我跟他打招呼。他說他的步道名叫湯沃（Townward，意指加速往城鎮）。

我知道湯沃很快，於是讓他先行，沿路有一搭沒一搭聊著。

我問湯沃：「我叫了接駁車，十一點會在入山口等待，要不要一起進城？」

湯沃說，他在站立熊（Stand Bear）與溫泉市（Hot Springs）有他女朋友跟他爸寄給他的包裹要取，周末郵局不營業，所以他不能停留。

湯沃接著問我走了幾天，我說第十六天。

他覺得訝異說：「這是很快的速度。」我笑：「你比我還快呢。」

湯沃說：「我一天大概走二十二英里，三百英里後路線沒那麼陡，我會提高到二十七英里一天。」

我好奇他怎麼會那麼清楚。湯沃說：「因為這不是我第一次走阿帕拉契山徑，二〇一九年我已經完成了。」

我問湯沃：「那你今年打算多久完成呢？」

湯沃輕描淡寫的回說：「八十天。」

我嚇了一跳。兩個多月完成，這是什麼情況？

湯沃個性真是很低調謙遜，三十六歲，住在處處高山的科羅拉多州，職業是太空控制系統工程師，他就是今年的年度三冠王挑戰者（Calendar Year Triple Crown）。

湯沃繼續領隊，很照顧後方的我，像是我停下腳步整理頭髮，他馬上問：「你還好嗎？」湯沃知道我的接駁車是十一點，他在前方完美執行能準時抵達的配速。

湯沃邊走邊轉過頭說：「既然你沒有步道名，我幫你取一個吧。叫SAVAGE好了，你是我走步道以來遇過最快的人。」

我聽了有點驚訝，我很快嗎？另外一個令我訝異的是，我不是第一次被稱為SAVAGE（野蠻人）。我記得一個猶太裔同事曾笑著對我說：「你是SAVAGE，當你越是認真做事的時候，越是散發一種野性的氣質。」我想湯沃與我徒步的這段時間，可能也有類似的觀察。

我喜歡這個步道名。

最後我比約定的時間提早一個多小時，湯沃讓我在他的背包上簽名，我祝他挑戰成功，小心安全，然後兩相告別。

隨後接駁車將我送到鎮上的旅館，全身浸入熱水浴缸時，我感覺活過來了。這安靜的片刻不禁讓我覺得，我必須用這十幾天的徒步經驗，問問自己是什麼類型的徒步者。

踏上阿帕拉契山徑時，我打算花五個月，每天走十五至二十英里。根據這幾天的經驗，達成目標不難，如果繼續保持，或許我能更放鬆的享受山林生活，好好認識其他徒步者的想法與人生。這似乎才是我踏上步道的目的。

湯沃的出現完全打亂我的步調，我內心肯定有個想挑戰自我極限的靈魂。如果天還亮著就躺進帳篷，晚上睡覺前沒有覺得肌肉痠痛，我會感到內咎。說起來，痛快淋漓走到天黑才是我。或許就像湯沃說的，我內心住著一個野蠻人。

湯沃用艱難的方式挑戰自我，我只要跟上他的腳步就是在挑戰極限，即便跟不上，走在即將成為年度三冠王的背影之後，也將是我在阿帕拉契山徑最精彩的時刻。

與湯沃組隊的那一天早晨，真是讓我湧起雄心壯志。我定下目標，要追上湯沃。我們離別時忘了互加對方社群媒體，這樣一來，他完成挑戰時我便無法向他說聲恭喜。

希望你也有全休日，不然我望塵莫及呀。

（17.1 / 240.5 / 2200 英里）

阿帕拉契山徑徒步穿越 Day 17

ZEN去世了

ZEN去世了。

不幸的消息出現於二〇二三年的阿帕拉契山徑網路社群。我與ZEN道別時，他說以後來自台灣的朋友都會好好招待，不料分開不久就發生這種事。

太令人震驚了。R.I.P。

（0 / 240.5 / 2200 英里）

阿帕拉契山徑徒步穿越 Day 18

求生慾

清晨四點，在寂靜中走到旅館外的鬆餅店吃早餐。身體休息了一整天，膝蓋還是有點疼痛，今天有辦法推進更多距離嗎？

接駁車司機約翰（John）載我回阿帕拉契山徑的路上，聊到 ZEN 過世的消息。原來他也認識 ZEN，還知道 ZEN 在睡夢中過世。這件事一直讓我很震驚，上個禮拜才遇見 ZEN，一切仍歷歷在目。

這大概是我離死亡最近的一次經歷了。

約翰送我到登山口，拍下我的照片，問我的步道名。

「我叫野蠻人（SAVAGE）。」

我有點生疏害羞，畢竟這是我第一次使用這個名字，從今天起我也有個明確的目標——追上湯沃。

揮別約翰，走上阿帕拉契山徑，拍拍臉，調整呼吸節奏，重新在腦海推演如何追上湯沃。今天就是最好的機會，如果沒追到，那表示這場追逐將陷入長時間的拉鋸。

我讓自己放空，專心走路，減少對時間流逝的感覺。策略奏效，里程大幅推進。從早上的濕雨到晴朗無雲的天空，一切看起來那麼明媚耀眼，但氣溫相當低，我感覺得到掛在胸前的水瓶正在結冰，於是趕緊將濾水器藏進外套胸前的口袋，要是結冰就報銷了。

適逢周末，路上有不少遊客。前方山坳車道上有幾台小貨車，一群年輕人圍在帳篷旁的爐堆烤火取暖。我想快速通過他們，不過在煎台烤肉的男子叫住我，問我要不要漢堡，我才意識到原來他們是步道天使。

看著男子在雜亂的瓶罐中熟練的煎漢堡排，調味沙拉醬汁，欣賞烹煮的過程不禁讓我對這群自願奉獻者滿懷感謝。我獲得現煎起士牛肉漢堡、黑咖啡與香蕉，加上早餐吃得很豐盛，今天的熱量已經夠了，不需要再吃了。這對我大有幫助，為了追上湯沃，我盡可能將背包輕量化，只帶了兩天份糧食。

幾名年輕人問我要不要一起取暖，還將位置讓了出來。這群徒步者的照顧讓我覺得很溫暖，但我還有很長的路要走，不敢多留，吃完就向步道天使道別，重新踏上步道。

高聳的樹木愈來愈少，取而代之的是低矮的灌木叢。我踏著階梯緩緩爬向藍天，步道高點是一片開闊的大草原，稱為麥斯路徑（Max Path），濕氣低溫兩相加乘，大地綻放冰晶，夢幻無比，不似人間風景。

在這麼美好的時間登頂，我衷心覺得來到阿帕拉契山徑真是人生最棒的際遇，也可能是ZEN的逝世令我變得敏感，反而害怕起自己的好運。說到底，機運無法全由自己，其實脆弱不堪。我體會到如果不能勇敢的讓生命擁抱無常，永遠躲在舒適圈，那麼生命就少了可能性。

這是最浪費生命的事情吧？

我抵達溫泉市——阿帕拉契山徑第一個貫穿的小鎮——創下推進距離新紀錄，三十三英里，但我不休息，直到追上湯沃之前都不停下腳步，天色已黑，我趕路趕到連晚餐也沒煮便離開小鎮。從燈火通明的街道進入烏壓壓的深山，望著那堵高山，我不但疲倦，也感到恐懼，畢竟待在步道才兩個禮拜，我還沒夜行過。

我打電話跟家人報備平安，在家人耳裡聽來像在交代遺言。這不是我第一次這麼做，而是經常這麼做。

「我現在人在〇〇〇，準備前往〇〇〇，我希望能安全回來啦，但要是我出了意外，知道在哪找我吧。」

「天啊！我完全迷路了！已經兩個小時，還找不到路，我沒有足夠的糧食，還失溫。我人在〇〇〇，希望能找到路跡，不然死定了。」

諸如此類。在我人生很壓抑、情緒很不穩定的時期，家人都認為我有自殺自殘的傾向。但我得認真說，我從來不曾有過類似的念頭，一次也沒有，相反的，去感受強烈旺盛的「求生慾」，才是我拚命追求的。

今天，「求生慾」要我止步。

我返回溫泉市，找尋仍在營業的青年旅舍，一進旅舍，老闆娘劈頭就問：「是SAVAGE嗎？」

一開始我沒反應過來，愣了一會兒才回答：「是的，我是。」

我很疑惑。我今天才開始用這個步道名，抵達時也沒自報名號，她怎麼會知道？

老闆娘解釋：「約翰將你走三十四英里的目標與照片，放在阿帕拉契山徑業者的群組，所以我猜到你會來。」

我恍然大悟，原來阿帕拉契山徑之間的關係十分緊密，遠方的店家可能早就掌握了前方徒步者的訊息。前天在車上就有聽到約翰接到警方的電話，當時大煙山有徒步者摔斷手臂，需要救援，沿線相關業者除了做生意，其實也肩負了守護徒步者的任務，好讓我們能順利完成目標。

老闆娘為我介紹如何使用房間設施之後，我趕緊沖了澡準備就寢。通鋪房裡有一個六十九歲的老徒步者白臉（Whithe Face），非常健談，一直找我聊天，例如從哪裡來、什麼時候開始走、步道名誰幫你取的，我都一一稟報，並說我正試著追上一位年度三冠王挑戰者，我的步道名就是他給的。

一名鑽進睡袋躺在床鋪上的男子說，有個今年要完成三冠王挑戰的人早上才離開這個通鋪房。我一聽嚇一跳，那不就是湯沃嗎？我馬上拿出手機上的照片追問：「是他嗎？」

果然是！

就那麼神奇，那麼巧合！在那麼多青年旅舍裡挑中這家！在那麼多通鋪房間裡偏偏住進這一間！還很巧的，遇到一名正逢全休日而且愛探聽情報的徒步者。

我再次對接連而來的好運氣感到不可思議，若非眾緣俱足，我根本得不到這個情報。我取得湯沃的社群媒體聯絡方式，發了訊息：

「我正盡力追上你。」

（33.5 / 274 / 2200 英里）

阿帕拉契山徑徒步穿越 Day 19

遇見北上南行者

青旅這一晚沒睡好。由於太想盡早出發，夜裡只蓋了一件外套，凌晨時相當冷，沒能睡好。

我掙扎地起床盥洗，三個徒步者坐在吧檯等熱咖啡，我煮泡麵當早餐。好想回去繼續睡，但昨天那位愛探聽消息的徒步者跟另一名徒步者說：「野蠻人（SAVAGE）說他今天要走三十四英里。」另一個徒步者說：「那很多耶！你一定很強壯。」

我只能苦笑，心想：「完蛋了，不能睡回籠覺了。」

摸黑出發，氣溫約攝氏零下九度。今天狀況實在不好，趕緊穿上所有衣服，連睡覺用的羽絨褲也套起來。

一離開溫泉市，馬上就得爬上一座山到至高點，身體仍熱不開，還迷路，浪費了不少時間。雖然只要保持均速，還是有機會累積到三十英里，無奈精神實在太差。

整個漫長的上午我沒遇到任何徒步者，陽光普照，其實非常冷。身體感覺相當疲倦，一路起伏都是枯木落葉，有種在沙漠行舟的錯覺，以至於我居然沒發現水瓶凍成了冰棍，無法飲用，路上的水源都枯了，疲倦、口渴、飢冷、精神萎靡、肌肉痠痛同時折磨著我，下一個水源遠在五英里外的山上，我只能拖著步伐苦苦走著。

接下來大概是步道魔法最像魔法的一刻了，我居然在穿越峽口的路上遇到天使。他們在桌上擺滿我渴望的食物，可樂、玉米脆餅、熱咖啡、夾心甜甜圈、水果，有趣的是，他們顯然更開心看到我，他們說：「一整個上午只遇到你們兩個。」

另一個徒步者是水牛城（Buffalo），身材矮小，留著一把不成比例的濃密大紅鬍子。他來自紐約州水牛城（Buffalo），是所謂的北上南行者，還是一名機車騎士，他將摩托車騎到北端，然後背上背包往南走，抵達南端定點再搭車到北端騎車前往更北端，依此類推。

我說：「好麻煩喔！太多工作了。」但沿路我看到不少北上南行者，或許因為能同時享受兩種移動方式，看到更多美國東部山區的美景。

水牛城堅持見過我，我卻一點印象也沒有。我相信他的說法，因為在步道上除了我以外，我還沒見過其他亞洲人，所以他不太可能認錯人。

他說他是紐約人，我說我也是。他問我住哪裡？我說紐約市。他馬上露出我們是不同掛的表情說：「我住紐約上州水牛城，那是兩個不同的世界。」這表情我還蠻熟悉的，昨晚那個六十九歲的白臉也是一臉不屑的問我：「你喜歡紐約嗎？我可不喜歡，即便我是在布魯克林出生的。」

或許紐約市太都市了，步道上都是愛親近山的人。這對步道天使夫妻也說，大學畢業後走完阿帕拉契山徑，接著在附近獲得幾份工作機會，最後他們選擇離山最近的地方，為往來阿帕拉契山徑的徒步者提供步道魔法。

這是一種我不了解的情感，無償幫助別人從而獲得喜悅？我不能了解，因為我還沒完成阿帕拉契山徑嗎？

從步道天使那裡獲得體力之後，我提起精神繼續往山上爬，經過兩個庇護所，我決定舉白旗投降，取了水在僻靜的水源旁煮晚餐。

大約下午五點，離天黑還有一段時間，我已經鋪好床鑽進睡袋準備睡覺了。今天只走了二十英里，離設定的目標差了一大截，但我必須誠實面對身體的疲倦。我盡力啦……寒冷真是我的剋星……

我以為今天已經結束了，昨天青旅遇到的一位猶太男孩這時抵達庇護所，十九歲，生性開朗，叫做「丹尼煙火」，獨走阿帕拉契山徑，非常健談。他說：「今天我創下個人紀錄，第一次走了二十英里。」

他背了不少我覺得沈重的玩意，像是捕鼠器、暖暖包、玩偶、麵餅皮……等。他精神奕奕，為了生營火取暖，在森林裡來來回回找樹枝，實在是個有趣的人。

（20.5 / 294.5 / 2200 英里）

阿帕拉契山徑徒步穿越 Day 20

疲憊令時間變得緩慢

夜裡湯沃傳來訊息：「你應該離我很近，我在三百二十英里附近。」我和湯沃的差距比我想的還近，僅僅二十五英里，大概一天路程，我幾乎是緊接著睡在他前晚的床鋪。

凌晨五點醒來，收拾背包，在漆黑的夜裡煮了起士燉飯搭配真空包裝水煮鮪魚，邊煮邊等，感嘆人生難得有幾次長時間在野外單純的只想著下一餐吃什麼，或下一個營地在哪裡，還能好好抬頭看看這片籠罩著自己的星空。

我離開還在睡夢中的丹尼煙火，心想應該不會再見到這個性格善良的孩子了，但誰知道？丹尼知道自己速度不快，所以北上到阿帕拉契山徑半程，會搭飛機前往終點卡塔丁轉而往南，以避過雪季封山與渡船暫停接駁之時，然後完成南北交匯（他比了煙火撞擊的手勢），也許我們還會再見。

冒著攝氏零下九度的低溫出發，走在稜線上，展望良好，阿帕拉契山徑巧妙的沿著北卡與田納西州界，兩州糾纏至此，腳踏哪一州難以分辨。在稜線上往北俯視為田納西州的平原與城鎮，往南眺望則是北卡圓潤如母親溫暖懷抱的山巒。

稜線上另有一條支線，我好奇的往延伸路線走去，原來是個隱密的展望平台。清晨的光線滲入山景，調合出藍色系層次，近處的綠樹讓遠景有了鮮明的對比。很冷，但我還是待了一陣子，享受令人心情平靜的早晨。

接著進入切羅基國家森林（Cherokee National Forest）園區，步道沿河而上，河水從瀑布落下，水質清澈透明。我停下腳步取山泉水飲用，果然心曠神怡；繼續繞行而上，頂點就是瀑布水源，長了無數苔蘚的小水塘，湧泉緩緩流淌，經過附著在山石上的生物膜層層過濾，再匯集成河。見過乾淨的源頭，我才敢安心生飲此地泉水。

翻山越嶺，一座又一座，腿力逐漸枯竭，時間的流逝變得緩慢，我開始用野蠻人的姿態苦撐。明天又是另一段二十五英里山路，必須讓身體好好休息。我在步道出口撥通電話給木屋青年旅舍，然後坐在小鎮旁的斜坡，望著快速道路穿梭的車流。

一個眼神銳利的老奶奶駕駛廂型車來接我。沿著蜿蜒的公路，我來到木屋青年旅舍，主屋有販賣部，有補給用品，也有晚餐食材，採信任制，自己填上採買品項，臨走前老奶奶再結帳。

今晚，我跟一個分段徒步者住在一間通鋪房。我在木屋小店買了不少食物，盡可能把它們裝進肚子，作為修復大腿的養份。

睡前，湯沃傳訊說他已經入住厄文鎮（Erwin Town），也就是我明晚打算下榻之地，旅館幾乎已被訂滿。湯沃要我早點預約，我傳訊給青旅，沒下文。

昨晚丹尼煙火也說對方根本沒接電話，看來明天會上演搶床大戰。

（25.5 / 320 / 2200 英里）

阿帕拉契山徑徒步穿越 Day 21

美哉大禿峰

在 Bunk Room 經歷了「炎熱」的一晚。

室外低溫零下一度，我預先將通鋪房的暖爐溫度開到最高，剛開始覺得很溫暖，不料半夜裡悶出汗來，我又不想靠近暖爐，以免把「女房客」吵醒，只能說睡得不怎麼好。

通常我希望清晨五點就能走上步道，但青年旅舍的接駁車八點才發車，除非我願意多走三英里又不會迷路，不然只能等。湯沃在社群媒體提到這家青旅提供 Slack-Pack（輕裝徒步）服務，讓我又撥起心裡的算盤。

我不想錯過推進里程的好天氣，但大腿需要休息，Slack-Pack 看來是最好的主意，而且還不會錯過滿足另一個渴望的機會：去餐廳吃一大桶炸雞。

向青旅老闆娘提出Slack-Pack的需求，她剛好要把背包送到下一個我預計入住的青年旅舍，如此一來不但節省體力，還能順便佔下床位，一舉兩得，完美。

老闆娘說：「把你需要的裝備帶上，你有二十四英里要走！」我說：「我就只帶一瓶空水瓶。」

老闆娘張口大驚，說：「難怪他們叫你野蠻人（SAVAGE）！」

接駁車抵達阿帕拉契山徑入口，我與另外一名徒步者一起走。我想提早進城，因此揮別大哥，加快腳步，獨自在山林走著。我很喜歡這一帶的山峰，相當壯麗而且視野開闊，難怪青年旅舍的密度這麼高。

那是一連串的爬坡，直到登上切羅基國家森林最高點大禿峰（Big Bald）。太令人震撼了，群山圍繞的三百六十度視野，舒服到我有點後悔把背包寄走，不然就可以在山頂上紮營住一晚，天空無雲又遼闊，今晚應該能盡收滿天星幕。

即便我刻意保持體力，下午兩點之後倦意仍陣陣逼來，於是我又慶幸沒有背包，不然塞滿補給品的背包肯定會讓我更痛苦。幹得好！

大概花了八小時，終於抵達厄文鎮。

一進青旅，看起來都是徒步者，好不容易才找到管理者，確認了床位。接著他說往鎮上的接駁車就要出發了，讓我趕緊上車。這是一台十二人座小巴士，塞滿饑餓的徒步者，浩浩蕩蕩攻向鎮上的餐廳。

我真心喜歡這樣的模式，用盡身體每一絲氣力，在山裡住上兩、三天，累積疲勞、飢渴，再一股腦釋放出來。我們渴望的也不是什麼精緻或昂貴的美食，那並不需要，日常在城裡不會專程去吃的快餐店，現在對我們而言都是直擊靈魂的美食。

我不禁質疑起米其林餐廳的評分標準，美食是比較之下的產物，人們當下的心理狀態對品味有極大的影響，餐廳開在荒島，每個饕客都必須歷經千辛萬苦甚至危及生命的挑戰，一旦飢腸轆轆抵達餐廳，這時即便端出來的只是陽春麵，在壯麗的景色裡也將永生難忘吧。我認為某種程度上這是我爬山的動力，為了遇見令人感動的美食。

一陣胡思亂想後，我從櫃檯領到八塊炸雞全家餐，包含半加侖紅茶，接駁車給我一小時完食，太棒了，有限制的自由更顯得珍貴。

不得不說，青年旅舍客人好多，而且大多是五十至六十五歲的中年人，我可能是最年輕的一個，跟之前的青少年派對很不一樣。夜裡他們在廣場生火，手拿啤酒坐在椅子上談天說地，像是人生裡最後一次畢業旅行一樣開懷大笑，像是不再有緊迫的事情來叨擾。

衣服怎麼烘都烘不乾。為了爭取時間，我跟其他兩人的衣服丟在一起烘，大部分人都睡了，我一邊按摩一邊等。最後，我的衣服全被拿走，明天要穿的衣服下落不明，傻眼了我。

（24.3 / 344.3 / 2200 英里）

阿帕拉契山徑徒步穿越 Day 22

白噪音

夜裡開始降雨，房內的溫度稍微舒緩，火爐的溫度實在太高，我都悶出汗來了，連續兩晚做烤箱SPA，不只我，其他人也抱怨太熱了。

住通鋪房的麻煩之一就是所有動作必須輕柔緩慢，以免吵醒其他房客，這也是一種對自由的無形箝制，沒有人說不能發出聲響，但就看你會不會對再也不會見面的人無禮。

總算整理好背包，包括在另一台洗衣機裡找到的衣物，接著在戶外餐桌煮早餐，此時有幾個人已冒雨出發了。

回到步道，在雨中穿越橋梁、鐵道。森林裡，一名放聲歌唱的老年徒步者走在前方，我唯恐打斷他的興致，所以在後頭把他的歌聲當作黑咖啡來提神，直到他發現我，讓路給我先行。

經過他時，我給了他大拇指說：「唱得好。」

跟著白色油漆標誌，山勢往高處攀升，風雨也轉趨強勁。雨滴擊在雨衣上，趴搭趴搭響著，彷彿是將我從現實世界抽離的白噪音。我悶頭踩著濕滑的碎石路，緩緩在山腰的步道攀升。路旁的視野漸漸開闊，鳥瞰山谷裡快速翻騰的雲霧，一切是那麼動人又孤獨。

穿越迷濛的森林，來到一處名為Beauty Spot的平台，確如其名，一株枯樹藏身在繚繞的濃霧之中，彷彿在敘說一段淒美動人的故事，不過霧散時終究會明白那只是一場夢。

離開平台，許多路段變得濕滑難行，這時居然有個越野跑者空手奔跑，這肯定是一種技藝，要是沒有登山杖，我不知摔倒幾次了。

今日路程的尾聲是起伏跌宕的山丘，丘陵上沒什麼遮蔽物，遠處有兩個醒目的亮藍色大背包在移動。我一直追逐背包的形影，看她們在山壑間、樹林間穿越，挺詩意的。當我緩緩與背影拉近時，才發現居然是兩個年約十五歲的金髮姐妹。

我疑惑這附近沒有道路閘口，她們怎麼上來的，難道是穿越徒步者？那麼年輕就獨立戶外野營，在野外生活兩、三日，這在台灣很難想像。

我找到水源，接水煮晚餐，又裝滿兩個水瓶明天早餐用，繼續走了一段路，找到一塊平整的營地，準備紮營過夜。話說大煙山之後我就習慣睡在庇護所裡，好像快十天沒打開帳篷了。我獨佔一整塊草皮，好久沒一個人過夜了。

（25.1 / 369.4 / 2200 英里）

阿帕拉契山徑徒步穿越 Day 23

橫陳的山嶺與慾望

凌晨醒來，慢悠悠的在帳篷內煮早餐，吃了兩人份義大利肉醬麵、兩人份起士馬鈴薯泥，接著越來越熟練的收拾好帳篷與行李。前方山區有一座號稱阿帕拉契山徑全線海拔最高的庇護所，那意味著我今天有好幾座山得爬。

抵達山下不久，一對輕裝徒步的男女追上來，看穿著應該是越野跑步的練家子。我讓了路，盡可能跟著他們的節奏，不久他們停在路旁休息，我也趁機把他們拋得遠遠的，一番追逐後，我終於可以好好欣賞風景了。

這座山感覺很潮濕，不只因昨晚下雨，應該整年都如此。隨著海拔攀升，針葉樹林越來越茂密，路上滿是毬球與針葉，踏起來相當舒服。山徑每一個轉角都是園藝造景，很像走進一座精心設計的花園。最終，我錯過往庇護所的小徑，反而順著白色標記來到一片杉樹林，很像台灣的太平山或杉林溪，似曾相識，我很喜歡空氣中的清新與濕氣。

我以為這片森林夠精彩了，誰知道一踏出森林，迎面就是一片鵝黃色的草原連峰，婁安山（Roan Mountain）到了。山峰沒什麼遮蔽物，一眼就望見遠方綿延的步道，還有被強風吹得東倒西歪的登山客。

或許是眼前橫陳的山嶺激起征服的慾望，我奮力重覆抬腿與擺手，慢慢將看得見的登山客都超越過去。越過丘陵，又是另一片綿延的草原及山道，真是精彩了，竟然是三連峰，太過癮了。

我來到連峰的最後一座，名為駝峰山（Hump Mountain），四、五個年輕人不畏強風，硬要在山頂搭帳篷。我給他們比了大拇指，氣盛的小伙子受到鼓舞，逆天而行的決心更加堅定，反之一旁坐在椅上的兩個朋友看起來冷靜許多。

離開美麗的婁安山，預計住進山腳的青年旅舍。這家旅舍贏得「全阿帕拉契山徑最棒早餐」的美譽，身為一名饕客，我必須對響亮的封號加以驗證。

一走入旅舍，馬上被亮眼的規劃給吸引，有如渡假山莊的美麗木屋坐落於山丘之間，河流穿越而過，河上的橋同時也是旅客烤火取暖的地方。河流將旅舍分為兩個區域，下方是青年旅舍及補給品販賣小店，上方則是個人套房及宴客餐廳，整體感覺相當氣派。

或許是鄰近遊客眾多的婁安山區，青年旅舍的通鋪已無床位，我拿下主屋最後一間尊爵單人房，主屋的餐廳還有精緻蛋糕可當零食。女主人 Amy 拉著我吃剛煮好的奶油雞肉餃（Chicken & Dumpling），跟我閒聊這些日子以來的步道生活。

壯麗的山景，奢華的床鋪，太多享受令我像個遊客。

（25.9 / 395.3 / 2200 英里）

大馬士革 Damascus

Day 24~35

「每當快追上，你又加速跑掉。總之，又回到追捕你的日子了。」

我跟 Townward 碰拳告別：「下次見。」

阿帕拉契山徑徒步穿越 Day 24

最奢華與最簡陋

早上我收到湯沃的訊息：「今天我將完成一大段路，爭取提早抵達大馬士革（Damascus）。」光是維持與湯沃一天的距離就已是艱難的任務，要是又被拉開，大概只能眼睜睜望著他離我遠去，得緊跟著，不能被甩開，我默默給自己定下一天三十四英里的目標。

此時我聽到樓下躁動的聲響，帶著小時候過新年一般的心情，有點緊張又有些雀躍的拎著背包下樓。

果然，大客廳擠滿等待的房客，八點時間一到，女主人 Amy 隆重登場，開始介紹每道菜餚，有蜜汁培根、烤蛋派、鹹臘腸、香料烤馬鈴薯塊、馬茲瑞拉番茄、濃醬比斯吉以及許多甜點、水果。豐盛的食物與擺盤根本就是感恩節晚餐，所有人拿起餐盤排隊夾菜。

還沒到這間旅舍之前，我一直在想最好的早餐該符合什麼條件。我只有一項標準，必須是AYCE（吃到飽），不然怎麼滿足阿帕拉契徒步者的胃？

它及格了。吃完第一輪，我又續了不少臘腸與烤蛋派，直到吃不下，可以的話，我想清空所有佳餚，無奈啟程時間已拖遲了，我又設了三十四英里的目標，大概午夜十二點才到得了目的地吧，我想。

我離開目前睡過最舒適的床鋪，沿著公路走回步道。今天的步道像熱帶雨林，我穿越無數低矮的闊葉樹叢，跨過一條又一條小河。沿途水源豐沛，遇到瀑布時我會接些水，沾濕毛巾幫自己降溫，狂野的徒步者則直接跳進瀑布沖涼順便洗澡。

呃……所以我沾的是他的泡澡水嗎？

連續十小時走不停，大腿痠疼是必然的，但我不能停下腳步，必須在天黑前多趕些路。抵達池塘山荒野區（Pond Mountain Wilderness）登山口時，離今天的目標還有八英里，眼前還要翻過一座山，抵達時就太晚了，那邊也沒地方可住。這是不可能的任務，我也沒有勇氣在夜裡走進漆黑的荒原。我決定去找附近的青年旅舍，最近的就是Kincora Hiking Hostel。

手機沒有訊號，無法打電話訂房，只好摸黑走去。在沒有路燈的黑暗道路上，我看見許多廢棄民房，樹林深處有一扇窗透出亮光，那應該是我打算下榻的青年旅舍。它必須是，不然我不知道今晚要在哪裡紮營。越來越近，我感覺自己像是森林裡將糖果當成救命繩的小男孩。

走進令人疑惑的建築物，走廊有一張野餐桌，桌上有幾個餐盤。我看到 Hostel 的招牌，和掛在樑上的背包，確定沒有誤入民家。在美國，如果有人闖入私有土地，主人有權射殺。

我一步上台階，發現餐盤裡都是類似嘔吐物的詭異物體，樑上掛的也是兒童小背包。我嚇傻了，這是怎麼回事？這時，一個濃密白鬍的老人打開門說：「進來吧。」

我想倒退三步，轉身逃離，但那雙和藹的眼睛令我無法作出那麼失禮的舉措。

進了屋，一股令人窒息的霉味撲面而來，昏暗的燈光裡，一個徒步者坐在髒污的沙發與旅舍主人面對面聊天。那位徒步者示意我坐下來，我一定是努力壓抑著一臉疑懼，才會放下背包，找找沙發上還能坐的地方。主人端著馬克杯說：「我是鮑勃，來聊天吧。」

我趁鮑勃與另一個徒步者聊天，繼續觀察屋內的情況。首先木屋的牆壁、柱樑甚至天花板都掛滿了徒步者登上卡塔丁之巔的照片，但照片歷史悠久，有的還發霉沾滿灰塵，廚房則是粗糙的木造流理台，接著是布滿鏽蝕的冰箱。看到這裡大感不妙，再往深處探看，是一間木板隔間的儲藏室。我馬上察覺自己誤會了，因為我看到被單，原來那就是今晚的床鋪。

我了解自己的不安，試著讓自己盡快接受。聽著鮑勃的談話，知道他不是壞人，反而是個愛心氾濫的老人。

鮑勃是徒步者口耳相傳的傳奇人物，有人說過 Kincora 是阿帕拉契山徑上最有名的青旅，並非特別華麗，相反的是很破舊。二十年前，鮑勃是一名飛機維修師，他帶著一群志願軍團與山野俱樂部合作，修繕與保養阿帕拉契山徑，為徒步者的安全提供保障，成為一段佳話。

晚上，鮑勃為我介紹床鋪，閣樓上通鋪的床與被單都發霉，還有蜘蛛網，牆外的樹藤似乎也發現有機可乘，悄悄伸進屋內，更慘的是枕頭上還有貓飼料殘渣。

陰暗的角落躲著一隻毛茸茸的生物，鮑勃說那是他養的貓，不過之前有個徒步者試著要去抱，卻發現不是貓，而是偷吃飼料的浣熊，說完自顧自大笑。樓下的徒步者也跟著附和：「哈哈，浣熊。」我想鮑勃是在告訴我，房間裡還會出現其他生物，不要見怪。

床鋪的異味實在太重，我得圍著圍巾遮住口鼻才勉強睡得著。一天之中，住過最奢華與最舊陋的青旅，這樣的落差也算罕有的經驗吧。

（24.7 / 420 / 2200 英里）

阿帕拉契山徑徒步穿越 Day 25-26

徒步者聖地大馬士革

從Kincora的床上醒來，睡眠品質居然還不錯，說不定還是近來最好的，我真佩服自己的適應力。

一覺睡到凌晨三點半，我跟另一個徒步者克魯茲（Cruzii）相約四點一起離開，他來自紐約北州，是七歲與四歲小孩的爸爸。昨天Kincora Hostel基本上不需住宿費，只要微薄的五美元捐贈，我只有百元鈔，繳給鮑勃的鈔票還是克魯茲偷偷塞給我的，真是個好心人。

克魯茲是我目前見到第二快的徒步者，只落後我三天，而且還是因為膝蓋受傷，去醫院掛急診拖慢速度。不過我覺得他似乎急著完成，每天逼自己走二十英里以上。

我看他膝蓋跟腳踝都有問題，於是跟他說：「你這樣傷勢會更嚴重，應該停下來休養好再走。」

他驚訝的說：「不行。」

克魯茲非常節儉，背著膨脹的背包說鮑勃接待他還免費載他去城裡補給，「鎮上東西好便宜，一不小心買太多。」我感覺他為了完成夢想，也為了盡快見到女兒，完全不想被耽擱。

我們戴上頭燈，摸黑抵達池塘山荒野區登山口。這裡我們身處峽谷，四周漆黑無比，全程都能聽到四面八方湍急的水流聲，應該有許多瀑布與河流，沿著山壁走過狹窄的河彎，卻沒看到河流的模樣。

進入山區不久颳起強風，接著是傾盆大雨，我只是遲疑一下，雨衣穿得稍微慢一點，背包就濕透了。

在強風暴雨中攀行，野兔不斷在步道旁跳來竄去，大概巢穴都淹水了。說來有點誇張，但我真的有淹在水裡的感覺。連動物都知道避難，如果是一般人早就撤退了，但湯沃就在山的另一邊，如果現在放棄，折返 Kincora，我不甘心。

有我在前衝鋒，克魯茲似乎比較安心，他也沒放棄。整條阿帕拉契山徑大概只有我們兩個傻瓜冒著風雨在夜裡爬山。

終於翻上山頂，雨勢減緩，看見山下的燈火感覺比較安心，天漸漸亮了，雨也停了。強風在山徑留下滿地瘡痍，我爬過一株剛倒塌的樹木，尖銳的樹梢如同粗糙的刀，在我腳上刮出一道傷。要是不幸被斷樹擊中，可能會放棄掙扎吧，我想。

一大早就奮戰令我飢餓，我走到水源區煮早餐補充飲水。克魯茲步履蹣跚走來，說襪子都濕了，還迷路。我們抱怨鬼天氣，這一晚我們克服艱難的路況，有了一些革命情感。後來與克魯茲聊起，他說：「真希望膝蓋沒受傷，就能跟上你的步伐，繼續像那晚一起冒險。」

我沒有停下腳步，離開克魯茲繼續前行，往鐵山爬升。鐵山是一座綿延四十英里的山脊，路線起伏不大，相當好走，山脊另一端的就是徒步者的聖地「大馬士革」。為了追上湯沃，我將徒步時間拉長到十四小時，手機、行動電源的電力消耗殆盡。

在庇護所草草過了一夜，清晨四點多醒來，繼續往大馬士革前進。夜路才走沒多久，頭燈斷電，我坐在倒木上望著星星發呆，直到天色漸亮，依稀認出步道，才又邁開步伐。

不到早上十一點已經走了十八英里，快抵達大馬士革時遇到老朋友，親切的「北上南行者」小鬍子水牛城，他看到我就問：「是野蠻人（SAVAGE）嗎？」

我說：「是啊，真的又見到你了。」

他告訴我，他才剛從大馬士革出發往厄文鎮。或許是連日冒險生活很精采，對我而言，厄文鎮彷彿久遠以前的記憶，感覺不會再見面了，事實上只要差一天我們就不會相遇。偏偏手機這時斷電，如果下次再見，一定要跟他合照。

接連兩天揮別短暫認識的徒步者，都有種與人永遠告別的哀傷，沿著筆直的褐黃落葉之道，我懷念他們，也思索釋懷的方式。找到答案了！如果我們都完成阿帕拉契山徑，不就能在二〇二三年的步道紀念冊再見了嗎？

水牛城與克魯茲，請你們一定要平安完成，好嗎？

不知不覺，滿懷心思的我也擺脫北卡羅萊納州，進入維吉尼亞州。在山坡上整個大馬士革映入眼簾，踏進市區後，隨處可見徒步標誌，可知是貨真價實的步道城鎮，一路走著，發現許多民宅都用來接待徒步者。

這個城鎮不大，但每年五月這個被AT穿越的城鎮會舉辦「步道節」，上千名徒步者在此露營，許多廠商在此幫徒步者修補裝備、作家演講、免費洗衣，盛況空前，但我早了一個多月抵達，街上冷清得只有我。

我尋到營業中的戶外用品店，在我添購補給品時，一名年輕的徒步者走近搭訕道：「是SAVAGE？」一個早上我遇到的兩個人都用相同的問句，令我驚訝極了。「我是！但你怎麼知道？」他說：「是湯沃告訴我的，他說有個亞洲男子用大距離的移動在背後追逐他，說我會遇到。」

原來這就是湯沃在訊息上說的，他在幫我「宣傳」，就像我也會跟每個我遇到的徒步者說：「我正在盡力追逐給我步道名的CYTC。」我打趣的說，或許我們的名氣會在步道上短暫的流傳著。

走進市中心，找了一間青年旅舍，將背包丟在房間，沖了熱水澡，換上青年旅舍提供的換洗衣物，走到市區閒晃。我刻意提早抵達，是想讓身體在這個城鎮有恢復的時間。今天是星期天，整個城懶洋洋悠悠哉哉，我很享受放鬆沒有壓力的時刻。

我走到城東吃雞翅，餐廳生意非常好，服務生友善從容。我聽到她問隔壁桌小女孩的名字，小女孩害羞的說：「我叫婁安（Roan）」。我對婁安的認識是那片無遮蔽、不斷蜿蜒的山峰，或許爸媽也想要女兒成為那樣的人吧？

越近黃昏，客人越多，餐廳外開始排起長龍。我不好意思獨佔一桌，趕緊離開，去城西的超市採買。小鎮東西都走過一遭，整個大馬士革等於被我走遍，明明是半休日，我的腳還是沒能閒下來。

湯沃呢？

當然早就在下個據點了。

（51／471／2200 英里）

阿帕拉契山徑徒步穿越 Day 27

野馬與藍衣老人

七點左右，天還沒亮，我已離城出發，從公路旁的登山口重返阿帕拉契山徑。山路漸漸爬升，一路平坦，雨卻開始落下，我穿起雨衣雨褲在林中漫步，忘情拍下陰鬱的景色，讓時間不知不覺的流過。

從山徑轉到平坦的礫石道路，原來這就是有名的「維吉尼亞自行車道（Virginia Creeper Trail）」，大馬士革很多店家都出租腳踏車讓人來此一遊。阿帕拉契山徑地位特殊，只允許人行，大概只有這段路例外。

穿過大橋，路徑再次進入山區，也越來越陡，翻過幾座高山，來到一大片有白籬笆的草原。湯沃說：「昨天太曬了，走到這裡就收工紮營了。」我想著與湯沃的差距又增加半天，得加快腳步，於是繼續往上走，遇到一位藍衣登山老者，他帶著狗一起爬山，步履蹣跚，我不好意思嚇到他，慢慢跟在他後面，狗則不時回頭好奇的看著我。不久，老人注意到了，讓我先行。我在前方水源區接水煮晚餐，很快又遇見他，我問他要去那個庇護所，他回：「下下一個，還有十二英里。」

我嚇傻了，以他的速度再走十二英里，豈不是要走到天亮？他看出我的擔心，說：「別怕，沒事，我們常這樣走。」此時已近黃昏，天空呈現橙紅與青藍混合的漸層色調。維吉尼亞的天空不太一樣，感覺特別憂鬱。

吃完晚飯，趕緊收拾上路。我進入一片茂密的樹林，在一個轉角發現前路似乎不太尋常，原來是有四隻野馬擋在路中央。我不知道野馬的習性，不知道會不會很兇猛，但我知道被牠們後腿一踢，肯定斷骨錯筋，我在一旁發出噪音想趕跑牠們，馬兒卻一動也不動，一副打算睡覺的模樣。

這時，天快暗了，我有點慌，今天我可不想再走夜路。我想到那藍衣老人與狗一定也遇到這幾匹馬，他們都安全通過了，野馬的攻擊性大概沒那麼高吧？

帶著揣測的心態，我慢慢靠近，盡量靠邊通過。野馬幾乎全程盯著我，我靠近時牠們沒什麼反應，反而稍微讓讓。那一瞬間，我對牠們似乎有某種程度的理解，野馬無意攻擊。

抵達庇護所時，我見到木板上躺滿了人！這個庇護所背後是一片草原，風景絕美，相當熱門，難怪老人不選擇在此過夜。

天色已完全暗下，我急得快哭了，戴著頭燈，在夜裡又走了將近兩英里，找到一片平坦的大草原才紮營。我必須先將食物袋丟進遠處的熊盒，這意味著此地經常有熊出沒，這是另一件令我擔心的事情。

我似乎在一片遼闊無邊的草原上，帳篷外的強風從遠方毫無阻礙的颳來。

擔心受怕了好一會兒，受困在自我想像的恐懼裡。那位帶狗的藍衣老人的出現，間接讓我獲得通過野馬的勇氣，我想跟隨老人的步伐，我很好奇他背影孤單，步伐緩慢，內心卻無比強韌，他穿越馬群，用蹣跚的步伐走夜路，還可能在夜裡遇到熊，對我來說那是多大的恐懼呀，老人卻似乎習慣那樣的荒原。

強韌的個性，這也是維吉尼亞跟其他地方的差異嗎？

（28／499／2200英里）

阿帕拉契山徑徒步穿越 Day 28

捷徑

有點寒冷的早晨，連枕頭都有結霜的痕跡。草原上風依然強勁，要離開溫暖的睡袋太煎熬了。我在帳篷內點燃爐子燒水，好讓帳篷裡變得暖一點，也給自己來杯熱可可。

喝完熱可可，走出帳篷，頂著寒風去一百公尺外的熊箱取回食物。踩在茂密異常的鬆塌草地，發現許多發霉的馬糞，為數不少，就像是野馬與草原形成一種循環互利的生態關係。

東倒西歪的步伐，走到孤樹下拿取回食物，用惺忪的雙眼回望帳篷，原來這是一片面對遠山的遼闊草原，昨夜架起來的帳篷與天地比起來，顯得非常渺小。

一天才開始就備受震撼，這幾天的徒步讓我學到一件事：永遠不要覺得不幸而陷入抱怨自艾的漩渦，也許正朝向幸運卻不自知呢。

整理好背包出發，我沿著不太清楚的指示走著，步道旁是濃密的矮樹林，枝葉茂密，連陽光都無法穿透而顯得陰暗。樹林裡似乎有幾塊營地，但要我睡在樹林裡，做不到，即使大白天也陰森森的，更別提夜裡。我暗自為昨晚選擇的營地感到得意。

滿山低矮的杜鵑樹叢，讓地勢顯得開闊，堅毅的植被經徒步者無數腳步的踩踏，露出堅硬的岩石與黃土。我將遠方的白色巨岩當作目標，抵達後才發現石頭上劃著藍漆，那是阿帕拉契山徑官方捷徑標示，原來我不知不覺在樹叢裡迷路，卻也省下六英里路程。

穿出樹叢，踏進草原，遠遠看見草原上有許多野馬在吃草，有些機伶的發現我，頭也不轉的緊盯著我。我已不像昨晚那樣害怕野馬了，某種程度牠們反而更怕我，只要我不做出危險的舉動，以免牠們為了自保而反擊，基本上安安靜靜通過就好。

今天相當平靜，尤其走在山腰，風景跟其他州並無二致。一整天只遇到兩組登山客，有點懷念剛出發時，許多人鬧哄哄的氛圍。後來，我發現身後有人，馬上加快腳步，看來我還是不喜歡跟人走近。

晚上湯沃傳來訊息說：「我會在接下來的青年旅舍停留一天，我們在那裡碰面。」

（31.2 / 530.2 / 2200 英里）

阿帕拉契山徑徒步穿越 Day 29

馬拉松派

今天本來是我的半休日，我已將補給包裹寄去預計下榻的青年旅舍，由於湯沃一句話，我臨時改變行程。湯沃離我僅僅二十八英里，今天絕對是追上他的大好機會。

六點，我收拾完帳篷，吃完早餐，往北出發。

說維吉尼亞州是個農牧之州應不為過，各項農牧產品產量不但全美名列前茅，更有一千個以上經營超過一世紀的農場，農場佔地如此遼闊，意味著阿帕拉契山徑勢必穿越這些農場。

美國政府與阿帕拉契山徑山地俱樂部（AMC）為了更完整的保存這個充滿自然人文的遺產，曾試著向農民收購土地，卻遭到反對。最終雙方妥協，地主向阿帕拉契山徑徒步者開放，並提供能穿越的通道。

美麗的草坡是今天最美的風景，穿越高山與樹林之後，帶著疲憊坐在草坡上欣賞景色，就是恢復體力最好的方式。我寄放包裹的青年旅舍是一間農場加蓋的建築，從步道遠遠就能望見，蔚藍天空下坐落在翠綠山丘上的紅色城堡，主人還飼養羊駝呢。我抵達時農場主人不在，我敲門，主屋也沒有人回應，傳訊息也沒回。完了，這下不知道要等多久。

我與幾隻雞坐在一旁等了一會，決定再去敲門，也許他們剛才沒聽見敲門聲。這一次，我發現門根本沒鎖，包裹就放在玄關，我決定拿走，拍下包裹收件人、駕駛執照照片以及留在客廳的十美元紙鈔，發了一則簡訊，連同照片一起傳給主人。正準備離開，主人回訊說：「謝謝。」

維吉尼亞的風格真自由。

接下來，阿帕拉契山徑要穿越高速公路，路旁有間加油站，加油站裡有一家墨西哥餐廳。我決定在此飽餐一頓。價格非常便宜，一客十盎司的丁骨牛排搭配墨西哥調味飯、鷹嘴豆泥、新鮮酪梨醬、生菜、玉米麵餅，還有免費供應的炸玉米片與新鮮莎莎醬，居然才要價美金十三塊半，這種價格在紐約市連拉麵都吃不起，我再加點了五隻紐奧良辣雞翅，頓時對維吉尼亞充滿好感。

上路後，我以為湯沃所在的 Hostel 已經不遠，不料遠在十英里之外，更麻煩的是，剛才在背包裡追加八天糧食，以及為了不再斷電而訂購的大容量行動電源，背包大概又重回十八公斤了。終於爬完兩座大山，最後還要爬上農場用來擋牛的梯子，真是壓垮我的最後一根稻草。

終於抵達青年旅舍，我聽見湯沃大喊：「SAVAGE！」

蓄著白鬍，戴著眼鏡微胖的老闆鮑勃（Bob）剛好開著 ATV 抵達，他看我走了二十九英里，先給了我一瓶運動飲料當獎勵，然後開始教條式的做住宿說明。

湯沃呢？他正在一旁吃一大盤巧克力派，還用古怪的姿勢行走。那是徒步者之間都了解的經驗：足底筋膜炎。但湯沃今天不是休息嗎？我感到疑惑。

原來，湯沃說他會在青年旅舍停留一晚，但不表示這一天他不徒步。他今天已利用鮑勃的接駁，以 Slack-Pack 完成接下來的二十六英里。

我問：「那為什麼有派？」鮑勃說，之前有徒步者要挑戰跟馬拉松相同距離的二十六英里山路，鮑勃就打趣說：「你完成，那我給你一個派。」之後每個挑戰者在挑戰成功後都會問說：「我的派呢？」於是這個派有了個名，叫做「馬拉松派」，成了這間青年旅舍的傳統。

我跟湯沃雖然在同一個 Hostel，其實相差二十六英里。這激起我的鬥志，我問鮑勃有沒有比二十六英里還長的路線，鮑勃一聽虎軀一震，轉頭就往湯沃看去：「有！還有一條，三十三英里。」湯沃在一旁說：「沒問題，他可以完成。」

鮑勃對每個訪客都很好奇，他問我做什麼運動來維持體能。我說以前騎自行車。他很得意的說他騎登山車，而且還得過維吉尼亞州第二名，那是他的頂點，在全國級別的比賽他可是一敗塗地，他的女兒卻是美國登山車國家代表隊。鮑勃從小就對女兒跟兒子進行嚴格的體能訓練，難怪和他相處起來感覺有點像在聽教練指示。

只是三十三英里山路，應該不太難。

（28.3 / 558.5 / 2200 英里）

阿帕拉契山徑徒步穿越 Day 30

重逢即離別

鮑勃預計七點載我與湯沃去步道口。湯沃昨天已完成二十六英里，將啟程往北；我則從三十三英里路口輕裝徒步往南返回 Hostel，休息一晚，隔天早上再回到今天出發的登山口。

一早起床，準備早餐　，大家接著醒來，吃營養穀片、泡咖啡、烤土司，抹老闆娘自製的桃子果醬。我向湯沃請教他接著要挑戰的 CDT（大陸分水嶺步道）攻略之道。CDT 在我心中一直是最困難的存在，總長三一〇〇英里（四九六〇公里），平均海拔一〇〇二二英尺（三〇五五公尺），地處偏遠，補給困難。

跟我們同房的還有來自加拿大法語區的大叔，他在休息日一個人吃掉五份冷凍比薩，他對早餐的營養穀片很陌生，還拿出相機來拍照。這令我大開眼界，非常好奇以前他是住在什麼樣的地方。

三個身分背景各異的人同桌聊天，面對各自的挑戰，這就是步道的魅力，總能找到氣味相近的人。

在車上等待出發時，跟鮑勃大叔小聊，他說他很愛吃叉燒包。維吉尼亞州很少亞洲餐館，我很好奇他怎麼接觸到叉燒包。從前鮑勃家裡很窮，住在舊金山斜坡區，靠近唐人街，學校有一半亞裔學生，他很害怕被有功夫的華人欺負。這倒是讓我很訝異，那麼有威嚴的長者居然也有那樣的過去。

我被載到三十三公里處的登山口往南走，不久遇到往北的湯沃，他說離上次見面不到兩個禮拜，我變得越來越快，每日平均里程增加到二十五英里以上，他覺得再一個禮拜我就會追上他了。我說：「希望是，每次快要追到時，你又加速跑掉。總之，又回到追捕你的日子。」我跟他碰拳告別：「下次見囉。」

離開湯沃後，我孤獨的在山腰之間移動，大部分時候都很苦悶，大概是一種整日徒步所產生的道路麻痺感，常常沒意識到步步可能都有危險。這裡的路徑有些狹小，土石鬆動，落葉遮蔽，稍微不慎就會掉落五層樓高的山坡。鮑勃的老婆就是摔下這樣的山崖，腳踝骨折，經過漫長的復健治療，才恢復日常步行，但登山卻是再也不能，因此她特別羨慕我們這些挑戰者、冒險者。她告訴我們她的經歷，大概也是提醒路上可能遇到的危險。

翻越幾座山頭，來到某個山頂平台上美麗的草原，俯瞰整片圈谷，特別美麗、壯觀。阿帕拉契山徑就是這樣，在你不期不待時，突然來一個驚喜。

這是一趟費時十小時以上的徒步，我在步道旁克難地煮了一頓午餐。陽光猛烈，曬得我昏昏欲睡，越走越慢，終於快抵達鮑勃的青年旅舍時，渡河的橋斷了，只好涉水過河，我懶得脫鞋，直接踩進冰冷的溪水。我覺得運氣已經夠好了，不是一出發就涉水，不需忍受整日的濕鞋。

話說走了超過五百英里，網路上有前輩建議，一雙鞋子的壽命大概五百英里，我得在下個城鎮換一雙，不然半路崩解可就寸步難移了。

走了快十二小時，離青年旅舍不遠了，我跑起步來，以便搶在太陽落山之前抵達。即將抵達目的地時，樹林營地上有一組人從帳篷裡對我揮手。我認出他們是我踏上阿帕拉契山徑之前，每天早上醒來就會泡一杯咖啡坐在沙發上追蹤的 Youtuber。他們在阿帕拉契山徑即時更新影片，努力紀錄冒險生活，激勵了不少人，也給了我很多參考資料。他們走了四十三天，終於被我追上，我應邀與他們錄了一段影片，非常榮幸，他們之後還會前往亞洲幾個國家繼續冒險，包含台灣。

告別 Youtuber，我終於在太陽下山前回到旅舍，鮑勃端上巧克力派給我恭喜，我則希望趕緊洗澡休息。今天湯沃與加拿大大叔都離開了，我一個人獨佔寬闊的 Bunk Room，疲憊又滿足的結束這一天。

（32.7 / 591.2 / 2200 英里）

阿帕拉契山徑徒步穿 Day 31

知足？或不知進取？

晚上整間 Bunk Room 只有我，自由過頭，盡情玩手機，反而沒睡好。還是得早起準備早餐，昨天的馬拉松巧克力派我一口都沒動放在冰箱，今天要吃才發現實在太大，只吃得了十分之一。為了不辜負鮑勃的美意，我把剩餘的派分切裝進密封袋，拿在手上掂了掂，居然有六百克那麼重。

鮑勃送我去步道，還把我的照片放上青年旅舍的 IG 動態。送派給徒步者是這間青年旅舍的傳統，後來我才知道通常是好幾個人共享一個派，由於今年的徒步季開始沒多久，目前只發出三份，我還是唯一一個主動加碼到三十三英里的人。所以鮑勃在旅舍的社交媒體上貼文標示道：「他真的是野蠻人（SAVAGE）！」

維吉尼亞州的小鎮生活很單純，我遇到方圓幾十英里唯一一輛校車，鎮上的年輕人大多在車上。校車緩緩地在草原與牧場之間穿梭，後方若有來車，校車就往旁邊靠，司機從車窗伸出手，向後方來車打手勢，示意後車先行。就像昨天，鮑勃讓副駕駛座的我搖下車窗，代他向司機打招呼。

我問鮑勃：「這裡的居民似乎都是以牧場為生？」

鮑勃說：「是的。」他繼續說：「一頭牛大概可以賣到一千五百美元，牧場主將牛養大，送進拍賣場前，還會載往某處灌水增肥，希望藉此賣到更好的價錢。

我說：「我很喜歡維吉尼亞州的單純，前天我去的那間青年旅舍其實就是一間農場，養著雞與羊駝，我去拿包裹時，主人外出，居然連門都沒關，我發訊息告訴農場主人我已經領走包裹，農場主人沒有被侵犯的感覺，還回訊說謝謝，像是我減輕了他的工作一樣。」

鮑勃說：「這裡生活的確很單純，我用退休攢下來的錢，租下這座山頭，在山頂上蓋了雙層木屋，在山腳下阿帕拉契山徑會穿越的道路旁經營青年旅舍。這樣的生活很簡單，以前我需要聽從好幾個上司的安排，現在我可以做我喜歡的事，老闆只有一個，就是我老婆。」

我問：「我記得你說你有個女兒，好像還有個兒子。你不會想跟他們住得近一點，方便隨時見到他們嗎？我認為，如果是台灣或是亞洲人應該會這麼想。」

鮑勃說：「實際上我有三個小孩，不，其實有四個，最小的五歲夭折了。他們都有自己的生活，女兒現在是工程師，在華盛頓工作，需要到各地出差。兒子從小就對電腦有興趣，目前參與人工智慧的科技研發。小兒子從小不愛讀書，但愛好戶外探索，目前住在阿拉斯加，與當地的原住民結婚，在當地耕種，反而是所有小孩裡收入最高的。青年旅舍今天不營業，因為載你去登山口後，我就要去機場接他們了，我們會在旅舍開始忙碌之前的空檔聚一聚。」

我說：「真是太好了！今天應該是你最開心期待的日子吧。」

當小貨卡駛近小鎮時，鮑勃說：「這一大片土地都屬於一個富翁所有，每個人都要向他繳納租金，是個非常有錢的人。但是他的生活非常低調，偶爾你會看見他穿著樸素的衣服在路上走動，你只會覺得他是一般人。」

「人沒辦法把財富帶進棺材，只要知足，需要的東西不會太多。」鮑勃說。

看著窗外的山景，看著簡單又純樸的小鎮，這句耳熟能詳的中國諺語，在亞洲社會卻是矛盾的存在，當個知足的人，可能會被看成不知進取，從事愛好的事物也會被當成玩物喪志。所以，知足常樂這種超然的價值觀比較像是一種理想。

我很喜歡鮑勃養育小孩的方式，他從小就訓練他們擁有強健的體魄，從參與運動獲得積極進取的心態。鮑勃盡可能鼓勵小孩的興趣，鼓勵他們找到真正熱愛的事物，再來就是他們自己的責任了。鮑勃身體力行去做自己喜愛的事情，如果連自己都不是會實現自己熱愛的事情，你怎麼能期待小孩子也是呢？

抵達步道登山口，揮別鮑勃，一踏上山道，就發覺不對勁。昨天累積的疲勞顯然沒有恢復，大腿根本使不出力，背包又裝了太多物資，包括馬拉松巧克力派，超出我的負荷。才走兩英里就苦不堪言，得在路旁歇息，偏偏這時又下起雨來。

為了不與湯沃拉開距離，我盡了最大的努力，往前推將近二十英里。我離開步道，沿著地方道路，在雨中找到一個經營青年旅舍的農場落腳。

女主人 Julia 給我做了房間導覽，問我要不要吃晚餐。晚餐是烤雞肉搭一些美式配菜，意外的還不錯，而且是含在住宿費裡，真是划算。

Julia告訴我，明天一整天都有雨，還有強風，時速高達六十至六十五英里。「你確定要趕去下一個城市？」我改變主意了，我在池塘山荒野區親眼見過倒塌的斷樹，那是完全無法抵抗的大自然力量，我必須用更負責任的作法來完成目標。

同樣的想法我也傳達給湯沃，他沒有直接回應，顯然他的行程也延宕了。他支持我的選擇，但我想他還是會冒險獨走。

（19／610.2／2200英里）

阿帕拉契山徑徒步穿越 Day 32

人情味

早晨雨下得很大，整間農場 Hostel 就只有我一個人。吃完早餐，我在客廳看電視，然後翻到桌上的 AT 報告書。我看到二〇二〇年每個報名者的成績資料，第一名以驚人的每天四十二英里完成，接下來是二十七英里，慢慢遞減。我有點吃驚，如果我每天都走二十八英里，至少會擠進前三名。

雨停了，陽光普照，我開始猶豫是否該啟程了。湯沃肯定不會在這種好天氣停下腳步，但我已經跟 Hostel 的老闆說好再待一晚，如果不告而別，未免太惡劣了。

我開始想方設法到城裡買鞋子，一般越野跑鞋的壽命是五百英里，我已經走了六百一十英里，下一個有戶外用品專賣店的城鎮是一百二十英里之後。我的鞋子可能隨時壽終正寢，因此即便是休息日我也不能閒著，要是沒換一雙新鞋，之後可能會付出更大的代價。

不過，去城裡的 Shuttle 不便宜，停留時間又太短，可能無法完成朝思暮想的支線任務（吃 Buffet 以及買隱形眼鏡藥水）。最後，我選擇了 Don。

Don 當過六年空軍，退休後做起 Shuttle 事業。他會將我放在城裡，然後去載另一組客人，四小時後再來接我。Don 是個身材中等，臉龐消瘦的男子，我會說長得挺像演員 Billy Bob Thornton。

搭上 Don 的接駁車，我吃到每個徒步者夢想的中式 Buffet，雖然菜色不多，無法跟紐約相比，但炸雞腿超級多汁，挺有水準的，這應該是周圍五十英里所能找到最划算的餐廳了。隨後我逛了連鎖藥妝店買了隱形眼鏡藥水，但沒能在戶外用品店買到越野跑鞋。我走到一英里外的 Walmart 碰碰運氣，一樣沒有收穫。

走在晴朗無雲的午後人行道上，有點喪氣。因為還要等兩小時 Don 才會回來。我坐在學校外的餐椅，一邊幫自己按摩一邊日光浴，觀賞十幾名青少年在烈日下打籃球來消遣時間。

氣象預報不準，此時讓湯沃領先我整整兩天，追逐難度更高了，我有點沮喪。

終於等到Don來接我，他問：「有買到鞋子嗎？」

我說：「沒有，沒有任何一間店在賣。」

Don說：「等一下。我覺得你花了錢搭Shuttle，我卻沒有幫你買到鞋子，實在過意不去。你可以決定要不要，但讓我先問看看其他運動用品店有沒有你要的鞋款。」

Don打電話去運動用品店，沒回應（後來知道那個地區大跳電）。我看Don那麼熱情，覺得自己應該更積極才行。我說：「我們就直接殺過去看看吧，我能付額外的車資。」

抵達另一個熱鬧的城鎮賣場，打算前往的運動用品店因停電而關門，但一旁還有一家，即便停電也在營業，而且看起來更忙。我進去問了型號與尺寸。賓果！他們有最後一雙，太幸運了。

我很感謝Don的熱情堅持，Don也為我買到鞋子而開心，即便多繞一程也沒多收車資。回程的路上，我們漫談著徒步以來的種種見聞，台美之間的文化差異……一小時的車程居然不覺得漫長。

他說：「如果不是你走上AT，而且停下腳步，你大概體驗不到美國不同州的人情味吧？」

我說：「是的。」

（0 / 610.2 / 2200 英里）

阿帕拉契山徑徒步穿越 Day 33

水裡來去

昨天晚餐，青年旅舍的大夥都拿我開玩笑，說我走得最快，應該能把晚餐剩餘的食物吃光光。我說：「嘿，我中午已經吃了Buffet，想撐死我嗎？」

我告訴青旅老闆，我明天很早就會離開，要先結帳。隔天大夥都還在睡覺，我摸黑起床離開青旅。

從公路回到步道，馬上覺得不對勁，整條步道都是水，與其說是步道，不如說是河道，很多時候只有步道有水，其他地方反而沒有，對剛換新鞋的我真是精神打擊呀。

今天的步道有條官方捷徑，可以省下四英里左右，但路線蠻隱密的，甚至讓我兩度走錯。整個步道還常躺在小河或瀑布裡，鞋子當然是濕了又濕，尤其今天氣溫很低，真是令我崩潰。

離開山谷的水道，天空居然飄起雪來。順著山勢往上爬，天空逐漸晴朗，漫步在高聳的山脊線上，視野開闊，這就是昨天我在 Pearisbugs 遠眺的高山，今天倒過來從高處俯瞰城鎮。是的，我終於抵達昨天來訪的城鎮。

接下來要進入維吉尼亞州的荒野，難以補給，而且長達九十五英里。我考慮要不要在鎮上過一夜，為了之後的體力，能休息盡量休息，我感覺上次的三十三英里 Slack packing 讓我臀腿還處於痠疼狀態。

我又去同一家餐廳吃 Buffet，泡了熱水澡，看一些垃圾喜劇，精實的上午，墮落的午後，不過今天依然有二十七英里的進度，不要對自己太苛責。

之後要進入維吉尼亞的精華區域，也是 AT 的標誌性區域，難度似乎不小，走了那麼遠，腿也是會怕的。

（26.8 / 637 / 2200 英里）

阿帕拉契山徑徒步穿越 Day 34

初識西維吉尼亞

早上五點，離開 Motel，去了速食店吃早餐。櫃檯問我是不是要去走阿帕拉契山徑，我說是，然後點了兩人份餐點。她驚訝的接著問：「你一個人嗎？」我說：「是啊。」

離開餐廳，漫步在車道，穿越高速公路旁的便道，接上當地大型工廠旁的小徑，再慢慢順著山坡攀升。此時太陽從地平線升起，我「間接」待了兩天的小城鎮，看起來已經有點遙遠了。

我爬上至高點，再順著山脊而行。前天 Don 告訴我，你會沿著維吉尼亞與西維吉尼亞的交界往北，這時左右邊是不同州。我平淡的說「是喔」，心裡卻是一驚，原來還有個州叫西維吉尼亞，我從來不知道。

我抵達 Don 推薦的庇護所，此處位於開闊的高原平台，能俯瞰寧靜的西維吉尼亞平原。假如昨晚能紮營於懸崖旁，在優美的落日餘暉中吃著剛煮熟的晚餐，那必定是如詩般的情懷。知道自己錯過了什麼，稍停片刻，帶著些許哀愁繼續往前。

綿延八英里的州界平台，亂石滿布，我低頭專心盯著路面，所以常常一抬頭被突然出現的徒步者嚇一跳。這次比較特別，覺得前方有什麼朝我而來，抬頭看，是衝向我的羊群，幸好牠們看中我身後的草，對走路不專心的徒步者沒興趣。

山勢往下，附近有豐沛的水源，我在河邊取水燒火，聽著水流聲，吃碗香辣的牛肉泡麵，喝喝芒果調味的礦泉水，這是徒步路上的小確幸。

山勢再度往上，而且是好長一段石頭海。走在形狀不規則、甚至搖搖晃晃的石塊上非常痛苦，速度持續往下掉，在石塊上跳躍著的同時，天空飄下微小的雪花。

有個徒步者擦身而過，不像其他徒步者，他沒有打招呼，或許他看見我張手試著接住雪花沈浸享受的模樣，不忍打擾吧。

猶如要彌補昨日的遺憾，天黑前，我還在一處優美的懸崖平台上紮營，即便兩旁都有石堆，風勢還是將帳篷颳得搖搖晃晃。我期待用一碗熱呼呼醬油拉麵，來搭配明早的晨曦。

（27.5 / 664.5 / 2200 英里）

阿帕拉契山徑徒步穿越 Day 35

死亡遊行

早上四點鬧鐘響，賴床到五點。風颳了一整夜，感覺外頭相當冰冷，立刻起身燒水煮泡麵、泡熱可可。

吃完才走出帳篷看風景，依然星空一片，圓月皎潔掛在北方山頭，南邊露出魚肚白，同時看到地平線兩端都明亮，真是奇特的體驗。

出發，走在山巔，直到天亮。我記得走了好久，越過幾名Hiker，一路上沒什麼特別的景色。AT的驚喜總是難以捉摸，通常景色是在山頂，但今天的景色卻在山谷，黃澄澄堆疊的山坡，實在相當夢幻，芒草像畫一般鮮豔。我決定望著山坡午餐，在樹蔭下好好打個盹，避開炎熱的午后。

睡夢之中，感覺有五名 Hiker 超過我。睡飽起身，該開始追人了。才剛起步，就在兩百公尺外轉角的樹蔭下發現跟我一樣打盹的 Hiker。果然睏意是會傳染的，這人大概看我睡得香甜，也學我在樹蔭下做起白日夢。離開農場的籬笆前，我看見一個徒步者睡倒；五百公尺外的樹下，又有一名徒步者掙扎著醒來向我打招呼，我給了他一個「我懂我懂，繼續睡吧」的理解眼神。

午後，我保持著輕快的步調，終於追過第一個超越我的刺青哥，再沒有可以追的人了。此時我進入巨石稜線，對已經走了十幾英里的腳底實在很折磨，沿路巨石，沒有平坦的路好走，經常需要用鞋側保持穩定，腳足都很痛苦。

這時湯沃傳訊息來：「我用七十英里的死亡遊行，已經抵達 Daleville，但是別擔心，我會比較晚離開城鎮。」

也就是說湯沃用兩天半就穿越九十英里的荒野。無雲皎潔的月圓、炎熱的氣溫、午後的小盹、已經吃下的晚餐，彷彿早就預感將會暗夜急行，我已默默作好準備。

今晚我也將挑戰夜行，預計兩天半穿越荒野。

（不睡覺，徒步進行中…….）

（37.8 / 702.3 / 2200 英里）

Day 36～46 麥卡菲之巔 McAfee Knob

三十三小時，六十英里，終於穿越荒野擺脫地獄。
我得大吃一頓，鏡子裡的我嚇了我一大跳，瘦到快認不出自己了。

阿帕拉契山徑徒步穿越 Day 36

麥卡菲之巔

我必須說，夜行其實是很棒的點子。

夏天快來了，白天非常炎熱，還有蚊蟲來騷擾，夜晚似乎沒有這樣的問題，徒步效率頗有提升。

今晚月色皎潔，我漫步穿過樹林裡的營地，帳篷之間瀰漫著寧靜的睡意，但我的決心沒有因此動搖。我在營地外一、兩英里的小溪取水，溪裡的青蛙一動不動看著我，大概從沒在夜裡見過人類吧。

我攀上一條筆直的道路，樹木整齊排列在兩旁，居然還有一張長椅，夜裡突然見到此景，感覺說不出的詭異。我走累了，背包一卸，坐在椅上歇息。

夕陽西下以後，我一連走了近八小時，越接近龍牙（Dragon's Tooth）就越陡峭，不間斷的攀升令我氣喘噓噓，不知不覺已經得手腳並用在石堆上攀爬了。

凌晨兩點半，精神狀況很差，現實與夢境的邊界越來越模糊，對危險也越來越不敏感，踩空了恐怕也沒警覺。在這種狀態下要如何走出亂石坡卻不出錯，實在難以想像，我決定先睡一覺，一小時的Power Nap。

我躺在龍牙支線交叉口，一旁剛好有兩面立起來的石板圍成一個小空間，地面上鋪滿柔軟針葉，很適合牛仔露營，牛仔露營就是不用帳篷，露天睡覺。

今晚的經驗很特別，看著極其明亮清晰的月球，月光映上我的眼皮，睡袋就是貼身帳篷。睡前我還擔心毫無防備的睡去，會不會遭到野生動物攻擊。我將遺言傳達給月亮：「要是發生了什麼事，可能只有你知道了。」下一刻，來不及再想，就脫開現實了。

我分不清究竟是精神還是身體更疲累，或兩者都到了極限，不過醒來時精神充足，肌肉恢復得沒那麼理想，但還是填入了新氣力。這晚，將自己完全託付給大自然，真是一個神奇的體驗。

整理背包，翻山往下，抵達山腳時天已亮。白色油漆引導我走進農場，清晨的草原有股清新的味道，剛升起的太陽有一種金黃色的濾鏡，草原上牛兒在吃草，幸好牠們對我沒興趣，讓我可以在一旁偷拍。

離開農場，一路往麥卡菲之巔（McAfee Knob）爬升，趾間持續疼痛相當擾人，本以為拇指襪沒穿好，不料竟類似發炎。我大可停下來紮營等待症狀緩解再繼續走，但城鎮在前，不禁讓我想多推進些，但忍痛前進行走效率卻越來越差。

不知是否因疲倦與步伐不適，我感到煩躁。攀向麥卡菲之巔途中，我低頭看著階梯，帶著脾氣用力跺腳，連下登山杖也帶著情緒，好巧不巧，就是那一瞬間，我以為「落在步道的樹枝」突然滑進一旁草叢。我的媽呀！差點踩到一條黑蛇。

有驚無險，終於爬上麥卡菲之巔，阿帕拉契山徑最具代表性的景點，電影《別跟山過不去》（A Walk in the Woods）男主角勞勃瑞福就是在這裡高舉登山杖，象徵追逐夢想的勇氣。

景色壯觀，但此地跟其他地方不太一樣，蚊子太多了，二、三十隻圍在身邊，令人煩躁，逼得我匆匆離開，邁向下一個目標霆克懸崖（Tinker Cliffs）。

往霆克懸崖路上，我望著前方的高山，暗暗祈禱不用爬過那些山頭。AT絕不令人失望，就是它們，而且以為終於結束時，竟又出現另一道陡坡，使得我休息的時間比攀爬的還多，這種效率真不敢恭維。

我從其他徒步者口中聽說「維吉尼亞三冠王（Virginia Triple Crown）」，原來指的就是龍牙、麥卡菲之巔和霆克斷崖。一日完成這三十五英里是穿越徒步者的熱門路線，湯沃肯定也是想順路完成這項挑戰，而我是沒搞清狀況的傻瓜，快走完了才恍然大悟。

這次實驗也有收穫，驗證了四十英里以內是最有效率的距離，如果將部分步行時間挪到夜裡，避開高溫，速度還能快些。超過四十英里之後，效率降低，痛覺佔據了腦裡大部分的運算資源，我連GPS手錶沒電都沒發現，硬是少了好幾英里的紀錄。

三十三小時六十英里，為提早進入城鎮而犧牲睡眠，這就是湯沃的步行風格。擺脫死亡遊行，我得大吃一頓，因為鏡子裡的我嚇了我一大跳，瘦到快認不出自己了。

（28 / 730.3 / 2200 英里）

阿帕拉契山徑徒步穿越 Day 37-38

今天過得好嗎？

在 Motel 舒服待上一晚，今天把握休息時間，直到十一點壓線才離開。即便很晚出發，我也不是馬上回到步道，而是去戶外用品店買零食胸前包。

這玩意兒很多 Hiker 都用，方便補充行動糧，這段時間消瘦的主因就是熱量不足，光靠主餐不足以支撐長時間徒步，途中必須不斷吃吃喝喝以補充熱量。

接著我去速食餐廳吃炸雞，餐廳提供蜂蜜外帶包，拿了恰好充當行動糧，方便得很。吃飽喝足，終於願意上路了，這一段步道應該是最接近市區的路段，從山裡到人間的通道是一條不起眼的小徑，誰想得到這是縱貫美國十四州的傳奇步道。

一踏上步道我就不舒服，不只天氣悶熱，休息了一夜腳還是痛，甚至有加劇的傾向。疼痛已跟著我完成超過六十英里的死亡遊行，真的受夠了！

我坐在一旁檢查，看不出所以然，動手一戳，才發現皮膚顏色不對勁，是該死的水泡，走了七百多英里，還以為對水泡免疫了呢。我知道怎麼應付水泡，為了不感染蜂窩性組織炎，處理完傷口必須休息，不能馬上走動，好讓傷口有時間痊癒。

忍著疼痛，又走了十英里抵達庇護所。我用爐火消毒針尖，一旁有衛生紙與藥膏。輕輕一戳戳，水泡液流了出來，完全不痛，再戳刺一次，水泡看似已經消去，處理好傷口，上藥，入睡。

隔天腳不痛了，但會下一整天雨，氣溫也會降到只剩五、六度。我收拾帳篷出發，心裡很苦悶，因為在Motel休息了一晚，體力與精神都恢復到滿點，正要拔腿急追，卻因水泡耽擱，離湯沃更遠了。我像洩了氣的氣球，直到被人追上。

他是Sim，昨天在路上遇見Slack-Pack的Hiker，他與另一個來自維吉尼亞的Peter結伴同行。Sim比我提早約十天從基地營出發，按理說不應該比我快，被他追上我很驚訝。難道因為沮喪，我連速度都消氣了嗎？

跟 Sim 聊了這幾天的遭遇，之後他又開始狂奔。此時，我找到讓自己奮發的動力，跟著 Sim 一起往前。我不太確定 Sim 知不知道我在他身後，他速度飛快，在他領頭的前兩英里，均速高達三．八英里，非常快。忽然間 Sim 拐到路邊小解，我趁機超越，想像他在後方追趕，我沒減速，一度將他甩開。

路上我看到五位 Hiker 停在步道上，是在進行某種儀式嗎？為什麼不動了？原來他們在等領頭人看地圖找路，與他們擦身而過時，他們跟我打招呼，一看居然都是六十五歲以上的老人家。

經過一條小溪，我又餓又冷。下雨令溪水渾濁，我在冰雨中濾水煮麵。雨勢越來越大，不斷有雨水滴入拉麵，再不趕緊吃，湯都要變淡了。我坐在斷木準備享用，Sim 趕到了，給了我一個「終於追上你而你卻在休息」的逗趣表情。

他跟我說了今晚的營宿地點跟明天的規劃，基本上都跟我一樣，這兩天我們應該會結伴同行。

在往營宿地的路上，我看見雲團跟著冷空氣沉降而形成雲海。我的水喝完了，跑去取水，不料水源竟已乾枯，回到步道時撿到Peter。氣溫越來越低，明天早上似乎還會降到零度，我在庇護所的水源取好明早要用的水，然後在湧泉的草皮上煮晚餐。

Sim來取水時問：「今天過得好嗎？」我在心裡回答：「因為你，我今天過得很好（不過這麼講好像太曖昧了）。」

（37.4 / 767.7 / 2200英里）

阿帕拉契山徑徒步穿越 Day 39

美麗時光

半夜，帳篷外雨停了，帳篷內卻濕成一片，尤其是睡袋，這可是保命的最後防線呢。早晨氣溫攝氏二度，再低就很危險了。今天必須把裝備晾乾。

我先煮一杯熱可可喝了取暖，然後拔營，在路上撿到提早出發的 Peter，接著 Sim 快速追了上來。今天我們目的地一樣，晚點還會再見，所以我沒有停留。

攀登藍嶺的丘峰時，有個女徒步者從後方快速追上來。當我停下腳步拍攝山景時，她已來到我身後說：「我昨天跟你在同一個庇護所，順道一提，我是 Canary。」我說：「妳好，我是 SAVAGE。」

這時 Sim 也追了上來。

從Canary積極的步伐，以及Sim與Peter短暫交談後的行走速度，我察覺大夥似乎有意挑戰我，大概就像我追趕湯沃的心情，於是我們有了展開一場追逐賽的默契。

我們的目標是在下午一點半（五小時內）抵達二十英里外的地方道路US-501，趕上Hostel派來的接駁車。誰當火車頭呢？我已經帶頭衝了一座山頭，Canary說什麼也不願意帶頭，Sim也有意保留體力，最後我又順理成章繼續燃燒小宇宙。

我很喜歡今天衝刺的感覺，似乎覺得自己至少能帶領大家以三．八英里的均速完成十五英里，然後在五英里前打電話給Hostel。

二十四歲的Canary速度很不錯，跟得很緊，她跟我一樣來自紐約，我們家練腿力的「灶咖」斷脖子山（Mt. Breakneck）是她童年每個禮拜都會爬的山。

通常我不會跑步趕路，不過今天中了激將法。衝到十五英里時，趁著我打電話，Sim換手帶頭，高瘦腳長的Sim幾乎用走的就能達到時速三．八英里，實在嚇人。Sim來自英國曼徹斯特，完成AT後將接著去加拿大北部爬山。

後段大部分是下坡，我們已經衝到接近瘋狂了，領路的Sim似乎無暇判斷方向，若不是

Canary 壓隊提醒，我們兩個都不知道衝到什麼地方去了。這場競賽應該沒有勝負，我們獲得惺惺相惜的友誼，若真要論誰是贏家，那麼沒有迷路的 Canary 說不定才是冠軍。

快抵達 US-501 時，我們看見了車道的人行鐵橋，心情整個鬆懈下來，比預期的提早四十分鐘，於是我們坐在停車場吃零食，隨便亂聊。接駁車來把我們接到 Hostel，洗衣、洗澡，我們又一起到鎮上唯一的餐廳吃飯，這時 Peter 剛抵達 Hostel，直接過來跟我們會合。

我很喜歡這群人，他們非常友善，吃飯時 Peter 讓大家輪流說自己最喜歡的電影，我第一時間想到的是張作驥導演的「美麗時光」，還描訴了電影情節，我不確定奇幻的故事轉折他們聽懂多少，但他們似乎相當有感觸，換個角度想，我們的步道生活不也是一場脫離現實的清醒夢嗎？

晚上，我們坐在客廳各做各的事，聽著老闆、旅人講自己的故事。聽著老闆跟加拿大大叔吵著中國什麼時候成為一個國家（老闆能說出每個國家的歷史與年份），我則吃著我的第二頓晚餐（泡麵、薯條、洋芋片、柳橙汁），記錄今天的流水帳。

夜裡收到湯沃的訊息，他說：「你認識 Canary ？」我給他看了照片，湯沃說：「是的，

Canary與Sim！你們就是今年我遇到最快的三個徒步者。」

我離湯沃越來越遠，以至於越來越不積極，但「步道魔法」似乎很快就用另一個方式給我激勵，重新啟動我身上的開關，太神奇了！明天各奔東西，下一個城市見。

See u later, Good Luck.

（19.6 / 787.3 / 2200英里）

阿帕拉契山徑徒步穿越 Day 40

好勝的枷鎖

昨晚詢問 Hostel 老闆往 US-501 的接駁車什麼時候發車，他得接待許多 Hiker，所以不能確定。直到睡前我聽到還有人在問，老闆說：「大概九點。」

太晚了吧！我一聽馬上改變主意，明天改走二十二英里的 Slack-Pack。由於入夜太冷，只能走十小時左右，沒辦法推進太多里程，不如在這裡待著，減少一天的補給壓力。

早上五點醒來，我開始微波加熱早餐。小鎮只有一家餐廳，唯一買得到的中式料理就是廉價超市裡的「青花菜牛肉飯」、「雞肉炒飯」等冷凍食品，值得一提的是，它們應該來自台灣，不然包裝上有什麼理由印上 TAIPEI 字樣？

這是一個非常幽靜的早晨，我們被放在 US-60，有人直接往北，我則跟著 Sim 與 Peter 往南回推。一開始沿河而行，後來我超越 Sim 與 Peter，經過幾個小坡道，登上一座能眺望灣河的山峰，悠閒漫步，有別於昨日的競賽感，今天大概是我走 AT 以來最輕鬆的一天。

路上也遇到 Canary，她的步伐依舊專注穩定，她說她會在路上的瀑布營地紮營，用悠閒的心情來體驗步道上每一幕美景。

告別 Canary 之後，我心想 Sim 與 Peter 應該也都是熱愛步道自由的人，我熱衷於滿足好勝心，對其他人而言最終會成為痛苦的枷鎖。

是的，像我這樣的人就適合獨走。

今天我走得還是太快，在懸崖邊等了四十分鐘，一直等不到 Sim 和 Peter，他們可能還在無訊號區，或是趁我打盹時超越我，我卻沒注意到。這麼一想，我馬上往山下跑。

我沒有越野跑的技能與經驗，昨天第一次嘗試用跑步來推進里程，聽到 Canary 向 Sim 傳授野跑技巧，今天剛好現學現賣，不抵抗而是利用地心引力，下坡絕對更快更輕鬆。

抵達停車場時，白鬍子司機很興奮的喊：「你做到了，比他們早一小時（還沒算我在山崖等待的四十分鐘），他們打電話說 Sim 受了點傷，速度拖慢了。」我心想，難怪，這完全不是他們的速度。

回到 Hostel，洗衣服、洗澡、去商店買補給品。今天是彩蛋節，鎮上唯一的餐廳沒營業，所以老闆煮了義大利麵給大家吃，我自在的吃了兩盤，把剩下的麵條都清空。今天只有一個旅客進住（之前跟我待在同一個庇護所），其他三人都是老面孔。老闆說：「這幾天忙翻了，今天剛好讓我休息一天。」他選了一部電影，有人專心看，有人玩手機，有人跟洗澡中的女兒視訊。

真是從早到晚都很輕鬆的一天。

或許，這才是大部分 AT 旅者的每一天。

（21.8 / 809.1 / 2200 英里）

阿帕拉契山徑徒步穿越 Day 41-42

熟悉的步道感

清晨醒來，我準備了四道料理當早餐：照燒辣拌麵、照燒ＢＢＱ雞塊、雞肉起士通心麵、蔬菜燉牛肉，加上兩杯黑咖啡。兩個字：豐盛。

我預計兩天穿越五十一英里的群山，直接抵達Waynesboro，這是仙納度國家公園前最後一座城市。

我揮別Sim和Peter，自己踏上下一段旅途，謝謝他們陪了我三天，在我垂頭喪氣時給我力量。幫青年旅舍開接駁車的白鬍子大叔說：「SAVAGE，我從沒見過像你這樣的徒步者，希望你能達成目標。」這兩天的經歷讓我得到很大的力量，今天我讓這股力量推著我往前。

這幾天溫差特別大，早晨溫度低，太陽出來後漸漸升溫，熱到衣服一件件脫。從森林山谷走到山頭上的草原，艷陽讓一切景色過曝。我不太敢停留，距離目標營地還遠。

一邊用耳機聽離線廣播，一邊吃著花生、杏仁、蔓越莓果乾搭配的 Trail Mix。這是我跟 Sim 學來的行動糧組合，這一天我沒見到太多人，這正是我熟悉的步道感。

天色漸暗，我在爬坡前的營地煮晚餐，入夜後攀爬山路，直到晚上九點才甘願停下腳步，紮營，睡覺。

隔天早上，我抄官方捷徑。這種路線維護得沒主線完善。果然路跡不明顯，我在雜草堆裡迷路，搞得火氣都上來了。今天是 Town Day 耶，別耽擱我！

開始動用前幾天的拚勁，用小跑步消化這一段路。今天近二十四英里路也許要花上九小時，希望四點以前抵達城鎮，不過出發時將近七點半，又迷路了一陣子，搞得時間有點緊，所幸在四點十五分左右走出登山口。

跟 B&B 老闆約在步道口，他開吉普車來載我。老闆也是一名 Hiker，計畫用三年分段完成 AT，現在只剩紐約到終點的五百英里。我心想，只要到了紐約，再衝個二十天就完成了嗎？

我有點懷疑老闆是不是太樂觀了。

今天的住處可說是鎮上最豪華的別墅，我睡在閣樓，但衛浴、微波爐、冰箱，一應俱全，更可貴的今天只有我一個Hiker，換句話說，我獨佔所有設施。

在閣樓洗完澡，將需要洗滌的衣物交給老闆，我就去鎮上最豪華的餐廳吃中式Buffet。老闆報路時，我還囂張的說：「明天中午我還要再去吃一次，要飽飽的離開鎮上。」

真是一個寧靜又寬闊的小鎮，我走了五個維吉尼亞單位的路口，才抵達餐廳。中式吃到飽沒什麼好評論的，最驚艷的就是炒麵跟酸辣湯，各吃三盤。回到B&B，老闆問我早餐吃什麼，何時離開。我說：「早餐吃完就上路，我沒辦法想像再吃一次Buffet，我現在飽到快吐了。」

兩天所累積的食量自信過於膨脹了，短短一個小時就被摧毀，儘管心情是放鬆的。大概在鎮上漫步的悠閒氛圍療癒了我。

（55.2 / 864.3 / 2200 英里）

阿帕拉契山徑徒步穿越 Day 43

如何打贏一頭熊？

早上我置身在播放古典鋼琴音樂的房間，牆上掛滿油彩畫，幾個木櫃上也精心擺放各式飾品，正中央是電影裡常見的長餐桌，桌上放著早餐：炒蛋、臘肉餅、比斯吉、奶油、草莓果醬、咖啡不加糖不加奶、葡萄汁、一大杯水，就像老闆跟我確認的一樣。昨天我還是森林裡的野蠻人，真能吃這麼有藝文氣息的早餐嗎？感覺我的心靈被陶冶了。

我很好奇這純樸的小鎮怎麼會有這麼豪華的宅邸。

在回步道的接駁車上，我問老闆 Dave：「你是本地人嗎？」Dave 說：「不是，我是一年前搬來的。Hostel 開業六個月，目前只有兩個床位，下禮拜會再增加四個。這是我的副業，我主業是醫學科學家，也有幾位正在負責的病人，我希望五年後可以退休。」我鬆了一口氣：「原來是副業，我還擔心你一晚上只賺六十元，怎麼應付開銷？」

跟 Dave 道別後，我回到步道，很快就進入仙納度國家公園園區，AT 的 Hiker 可以直接填寫申請單免費進入。不久我遇到前幾天跟 Hostel 老闆爭論中國什麼時候成為國家的加拿大大叔。

仙納度國家公園內的 AT 步道全長一百一十英里，我計畫用四天穿越。國家公園對我來說有個難處，野生動物受到周到的保護，也就是說常常有熊出沒，這減低了我走夜路的意願。樹上標示的防熊守則寫著：「黑熊打你的話，永遠要打回去。」我沿路都在想怎麼跟熊打架。

目前 AT 的路線真的如湯沃講的，平坦少爬坡，但前半段水源稀缺，我走了快二十英里才遇到水源，後方的加拿大大叔會不會斷糧令人擔心，很多糧食沒水根本吃不了。

「你要喝啤酒嗎？」

停車場有一位熱情的大哥詢問，他車上載滿食材與行李，還有一隻狗，像是在車上生活的旅行者。

我說：「謝謝，我不喝酒。」

正要離開時，他說：「我也有汽水。」我馬上回：「謝謝，來一罐。」

原來這位大哥去年帶著愛犬走完阿帕拉契山徑，出於對步道的懷念與熱情，以一己之力做起了步道天使。目前一天只能遇到三、四位徒步者，他對我的出現感到很興奮。

哎呀，聽到他這麼說我有點慚愧，要是我拒絕了，他可能會覺得自己正在做的事沒有意義。所以，我決定再也不拒絕步道天使的魔法。

我比較晚離開 B&B，沿路又無水，抵達二十英里有水源的庇護所之後，我就決定紮營了，下一個營地在十英里外，已近黃昏，現在沒有防熊的懸掛系統還真是不敢隨處紮營，我可不想把腦袋裡跟熊打架的演練付諸實現。

（20.7 / 885 / 2200 英里）

流水帳寫至此，我才發現當了一頓早餐時光的貴族，現在我又淪為準備跟動物搏鬥的野蠻人了。

阿帕拉契山徑徒步穿越 Day 44－45

關於火雞的記憶

在滿布石塊的營地，營釘根本釘不牢，這就是非自立式帳篷的缺點。半夜帳篷塌了，毫無睡眠品質的一晚。

早上收到湯沃的訊息：「週六與週日休息，你應該能很快拉近距離。」天降良機，絕不能放過。

我已經想好對策，想走更長的里程，夜路不可免，但為了減少遇到熊的機率，入夜後乾脆走在天際線車道（Skyline Drive）。這是仙納度國家公園最大的特色，開車沿山脊在平坦乾淨的柏油路上滑行，從各個展望點俯瞰平原與山脈，夜裡或許看不到風景，但萬一在柏油路上遇到熊，總是多幾分勝算。

AT步道在仙納度實際上也完全循天際線車道而行，頻繁穿越車道又在山林裡陡上陡下，被稱為「PUDS」（Pointless ups and downs，無意義的上與下），最美的景色幾乎都在Skyline Drive，幹嘛不併在一起？

離開庇護所，在步道上遇到一隻擋道的野生火雞。記得在鄉下生活時，一開始覺得走路回家路途遙遠，久而久之也習慣了，短短的路程中冒險樂趣無窮，路上有一戶人家養了火雞，只要有人走近，火雞都會突然「咕嚕咕嚕」放聲怒啼，被驚嚇數次，於是有了戒心，也從小就覺得火雞不是什麼友善的禽類。

此刻，我擔心遭火雞偷襲，只好慢慢從旁繞過。火雞看起來不在意，卻一直偷偷注意我，因為牠忘記發出啼叫，洩漏了心機，直到我離開牠也沒有離開陣地。我忽然想到牠是不是在孵蛋，在保護小孩，或許從前那隻討厭小學生的火雞也一樣。我一生出這種想法，記憶裡兇猛的火雞突然變得溫柔堅強起來。

溫柔來自對小孩的愛，堅強來自牠勇於護衛，雖然我根本無法對火雞的意圖加以求證，但三十幾年前在台灣中部鄉下的小糾結，在美國深山的步道得到解脫，真是神奇。

繞過一個轉角走上車道，來到國家公園規劃的零賣商店（wayside），沒有營業，我不驚訝，湯沃已提前告訴我這兩天 wayside 不營業，讓我準備足夠的糧食。

這時有一名大叔遊客來碰運氣，跟我一樣吃了閉門羹。他問：「打算走去哪裡？」

我說：「我是阿帕拉契的徒步穿越者，在去緬因州的路上。」

大叔說：「那你會從我家經過，我住在康乃狄克州。需要水嗎？我車上有水。」

大叔或許看到我胸前的空水瓶才好意要幫助我，但我說：「謝謝，你應該比我更需要。」

昨天才說不該拒絕步道天使的好意，但有件事情大叔你可不知道呀，我的胃口已經被阿帕拉契山徑養肥了，可以的話，我更喜歡清涼甘甜的泉水，我剛才在路上就聽到潺潺水流聲了。

既然打算走天際線公路，那我該先去取水。拜別大叔後，我沒有按照地圖上的路徑去找水，而是跟隨河流的聲音，踏過草叢、踩著斷樹，跳進河谷。河水既冰冷又甘甜，我盡情享用大自然的美味，還裝滿兩罐水瓶，應付今天的長途跋涉。

氣溫接近攝氏三十度，在幾乎沒有遮蔽的公路上走著，曬得我昏沉沉的，只好偶爾走進路旁的觀景平台，吃點零食。

另一個徒步者學我走上公路，我們一前一後在烈日下走著。公路時而蜿蜒，時而筆直，他的身影總在我前方，幸好有他，太陽曬得我快產生幻覺了，簡直分不清現實了。

午後太陽更毒更辣，水也都喝完了。我決定避開豔陽，在公園管理處旁的水井取水煮咖哩飯，然後在樹蔭下打個小盹，把部分路程挪到晚上。

回到步道時，黑幕漸漸低垂，入夜前天空滿是紅霞，鮮豔魔幻極了。點亮頭燈走在黑漆漆的公路，感覺好累，此時一台貨卡駛近，我戴著耳機沒聽見車上的鬍子大叔對我說話，我往前靠近，他趕緊收拾副駕駛座的雜物。原來鬍子大叔看我夜裡獨行，有意載我一程。

此時腦海裡有兩種聲音在喊話，我分不清楚誰是理智誰是感性。一個聲音說：給他載吧，載下山，甚至離開國家公園都可以。另一個聲音說：不可以，如果給他載了，這段時間的堅持都會變成泡沫，連同未來都會失去努力的方向。後者的論點強而有力，前者根本只是想偷懶，我告訴大叔：「謝謝，我可以，我想自己走。」大叔不可置信的說：「好的，要是你改變主意，我在前方的駐車處。」

大約晚上十點，我迷迷糊糊抵達公路旁的庇護所，這裡的營地睡了不少徒步者，防熊懸掛桿上掛了不少背包，我隱約看到 Canary 的灰綠色背包。

我哀怨的猜想庇護所大概沒空位，事實並非如此，而是老鼠猖獗，沒人想待在庇護所，都去搭帳篷了。我累壞了，顧不得那麼多，不，也許我心裡還默默感謝老鼠讓我有床位。我把食物藏進熊箱，一鋪好床就呼呼大睡。

凌晨四點醒來就睡不著了，儘管天色未亮，我還是出發上路。剛走上公路，我注意到黑暗的樹林裡有五、六對螢綠色眼睛盯著我。我第一時間認為是熊，轉念一想，熊應該不會成群結隊，是鹿吧。

走著走著，天空漸漸亮起來。我抬頭看著草坡上的藍天與雲朵，發現坡上還有幾隻鹿在低頭吃草。我經過大草地（Big Meadows），陽光緩慢地溫暖了這片廣闊的原野，我感到一種躁動，那是動物被喚醒的聲音，我正置身一個寧靜又充滿生命力的清晨。

走了十五英里，這裡有家委外經營的飯店，餐廳提供早餐，但我沒能在十點半趕到，必須等十二點的午餐。時間寶貴，我可沒空瞎耗，所以在星巴克買了抹茶拿鐵、菠菜可頌，在戶外餐椅吃了起來。

正當我享受著早午餐，身後有一個愁容滿面的徒步者，我看他在戶外野餐區待了很久，原來他的腳踝受傷，才無所事事待著等午餐。

我正打算離開，幾個有耐心的中年 Hiker 說：「不等嗎？午餐馬上供應了，沒吃到他們的藍莓蛋糕冰淇淋，我絕不離開。」仙納度國家公園最有名的除了天際線車道，大概就數漢堡與藍莓奶昔了，曾有 Hiker 評論，就算砸下整個月的伙食預算，也說得上物超所值。

但我不想等，我說：「我要衝到十八英里後的 Wayside，應該能在晚餐前趕到。」嘴裡這麼說，實際上一點把握也沒有，尤其是走了十五英里之後。離開前給那個受傷的 Hiker 鼓勵一下，大概是自己也因受傷大感懊惱，希望他快點振作起來。

步道如人生，有高潮也有低潮。

依然是炎熱的一天，我必須連續六小時用三英里均速往前推進。一開始不覺得困難，但我高估自己的耐熱力，烈日連路都曬得扭曲了，精神在午後開始斷崖式衰弱，我開始有邊走邊作夢的錯覺，現實感再次被抽離。時間無情流逝，我不能停止腳步，相反的為了喝到藍莓奶昔，我甚至有一半路程都小跑步，狼狽得跟狗一樣，前方是我離開仙納度前最後一家 Wayside，我只剩一天糧食，今天的熱量全得靠這家 wayside 神救援。

從天未明一直走到黃昏，走了三十三英里終於抵達 Wayside，我幾乎是歡呼著奔跑，結果招牌寫著營業時間只到五點，我超過十一分鐘，心裡涼了一截。店裡明明有人啊，我在門口看到另一張告示，營業時間改為五點半，但燒烤還沒營業。這把掉落地獄的我拉回天堂。

我已經不在乎現煎漢堡與藍莓奶昔了，只要商店營業，只要有食物，我就覺得自己是世界上最幸福的人，走了超過十三個小時，只要一碗泡麵一瓶可樂，就是米其林等級美食。

（73.9 / 958.9 / 2200 英里）

阿帕拉契山徑徒步穿越 Day 46

暫停鍵

昨晚睡得不錯，即便老鼠在庇護所裡裝神弄鬼，像是移動石塊、移動掃把、在木板下用爪子跑來跑去……這些小動作都沒讓我睡不好，太累了，每當想做些什麼，腦子一轉就斷電。

早上六點離開庇護所回到步道，藍天突然被挾帶濕氣的雲浪覆蓋，以為馬上要下雨了，趕緊丟下背包欲披上雨衣，這時快速飄移的雲都往山谷沈積形成雲海，神聖的耶穌光從高空雲層灑落在沈靜的雲端上，對照遠方紛落的雨，這一刻大自然的精彩，可謂變幻萬千，這種凌駕高處的俯瞰，真是一種超凡的體驗。仙納度最後一天，臨別前還獲贈一份大禮，心裡滿滿感激。

消化掉國家公園到山下城鎮路段，陽光豁然開朗，揮別三月黃褐色的枯槁，綠意悄悄在谷底綻放。今天應該是個半休日，卻一點也不輕鬆，我得先去 Hostel 領取郵遞補給，這間 Hostel

太熱門了，根本訂不到床位。

雖然不是住客，老闆仍熱情請我喝杯清涼的自製檸檬水。順利取得包裹後，在戶外野餐區有位戴綠框眼鏡的女士跟我打招呼：「你不住這裡嗎？」我說：「是的，我在城外一間 Motel 訂了房間，我要趕過去。」

揮別女士，我打電話給此地連絡得上的接駁車司機，包含在仙納度國家公園跟我搭訕的司機的電話，每一個都有不出車的理由。這路口有巴士可以過去嗎？有，但下午四點才有班車。我是膽小鬼，走投無路之際，還是鼓起勇氣豎起拇指攔便車，但一台都沒有！

沒辦法了！我坐在草坪上發呆，拿出按摩滾輪，把握時間給自己放鬆肌肉，心想就在這裡睡到巴士來吧。正打算倒頭大睡，兩個剛從步道走出來的 Thru-Hiker 問：「你是在等 Hostel 的 Shuttle 嗎？」我說：「不是。」我馬上問他們住哪一家 Hostel，他們說了一個名字。我立刻打電話訂房，十分鐘後，老闆駕到，一一喊著步道名。

SAVAGE，哪位是 SAVAGE？

我我我——我拎起背包往後座丟。

我的煩惱有：四天沒洗澡、四天沒充電、四天沒洗衣服、登山杖越來越短快不能用了、瓦斯不足、背包超重，得將不需要的東西寄回去、好想到鎮上大吃一頓……

美金三十五元的通鋪床位，解決以上所有問題！

抵達 Hostel，那位戴綠眼鏡的女士居然也在，原來她剛才是想救我一把，卻讓我無意間婉拒了。當我洗完澡洗完衣服，老闆開 Shuttle 載我們去鎮上放風。我找了當地最熱門的漢堡炸雞店，吃了鮮嫩多汁真正現煎的起士漢堡與雞柳條，淋上麥醋，醮著 Buffalo 辣醬，完美命中 Hiker 的味蕾。過癮！

累積好幾天疲憊，忍受好幾天臭汗，與老鼠共眠，這些好像會累積成某種精神壓力，沖熱水澡，睡乾淨床鋪似乎還不能療癒，唯有熱燙的肉汁與冰沙士交融的瞬間，才是告訴身體可以卸下戰鬥狀態的開關。

這個按鈕就是我需要的。

美中不足的是在青旅發生的小插曲。又是洗衣糾紛，綠眼鏡排第一位洗衣服，我第二，她的內衣掉了，我翻遍我的衣服，沒有。

綠眼鏡很堅持的問遍整個青旅，大夥放風完回到青旅，她又開心宣布：找到內衣了，原來掉床下去了。

我看到鄰床的大媽翻白眼：「呼，終於，不用再聽妳內褲的事了。」

（13.2 / 972.1 / 2200 英里）

Day 47~56 總部／中點 Harpers Ferry

終於遇到 ½ 步道路標。
路標前的樹上棲息著一隻豔麗的巨蛾，一動也不動，
如此詭異，我不敢往前。

阿帕拉契山徑徒步穿越 Day 47-48 AT總部

Hostel老闆兼接駁車司機David，事業有成又喜歡戶外運動，決定搬到仙納度國家公園山腳，用愉悅的心情展開副業。跟一個有智慧的人共處，感覺就是享受，他們總是能把細節照顧得很好，又不會累壞自己。

我預約了Hostel的早餐，端到木屋青旅二樓享用，這才發現二樓挑高，高得能擺得下阿帕拉契山徑的長地圖。早餐非常豐盛，培根白醬淋比司吉、焗烤起士通心麵、蔬菜鹹蛋派，咖啡果汁任喝。

David對我照顧有加，不問其他人，只問我吃得夠不夠，要不要再續。亞洲人慣例，我得先客氣一下說：「大家都吃夠了嗎？」大夥摸摸肚皮說：「飽得快走不動了。」David也看出我在客氣，趕緊說：「真的，還剩很多，你能吃完最好了，現場就你走最快，最需要能量了。」

年紀最長的徒步者鬥牛犬問：「你打算用幾天抵達 Harpers Ferry？」我說：「明天下午啊。」大夥的表情有點吃驚：「這有五十六英里耶！」

Harpers Ferry 是什麼地方？地處馬里蘭、維吉尼亞、西維吉尼亞三州交界，多次成為美國歷史的關鍵之地，如南北內戰聯邦軍最北據點，林肯、喬治・華盛頓、湯瑪斯・傑弗遜、馬丁路德博士等名人都曾造訪此地，甚至在此為廢止黑奴制度而流血流汗。

此地也是阿帕拉契總部所在，在地理意義上是全線中點，抵達總部意味著完成一半路程。湯沃已造訪過阿帕拉契總部，是今年的第二十九名抵達的北行者。

正因如此，我才會那麼明確的想在明天抵達 Harpers Ferry，我想緊跟在湯沃之後。

不過，等到 David 終於把大家送上步道時已經十點了，無疑是婁安山事件翻版。因此我得到一個定律：看似美好的早餐，必然伴隨最辛苦的徒步日。

與相處一整晚的 Bubble 走了一小段路，我想該啟程了，於是加快步伐離開，路上沒再遇到任何 Thru-Hiker。我專注呼吸，盯著路面，抬頭看風景的時間變少了。入夜前我害怕的事終於發生了：一條蛇擋在路中間。

那條大蛇一身黑，蛇頭朝著我還大張其嘴，我只敢遠遠看著，無法判斷牠是否有敵意。通常我只要製造一些噪音或逕自走過去，蛇就會離開，但這位蛇老大不為所動。在睡覺嗎？在生氣嗎？反正我又被耽擱了。

阿帕拉契山徑持續修築，因此不斷增長，½ 步道路標也跟著變動。入夜後，我在漆黑的森林獨行，由於季節變化，森林裡的花粉正在賣力綻放著，藉著頭燈照耀，花粉隨風流動，清晰可見，它們時而溫柔時而暴烈，更多時候迎面向我撲來。整片森林正在交配，這是生命力洋溢的時刻，而我彷彿置身扭曲的漩渦之中。

終於遇到 ½ 步道路標。路標前的樹上棲息著一隻豔麗的巨蛾，一動也不動，如此詭異，我不敢往前。牠是繼黑蛇之後逼我止步的恐懼存在。

我一定是精神不濟，加上花粉漩渦的景象，以致喪失現實感，一回神仔細看，原來不是巨蛾，是一具凝望著路標的詭異面具。

在強風吹拂的森林深處，我穿越數個起伏的石坡，就在下階梯或上階梯之時，突然有從夢中驚醒的情緒，現實感突然湧現，反而有種不知身在何處不知正在做什麼的迷茫。

我讓抵達目標的頑強意志帶著我，拖著疲憊的軀體前進，這股意念讓我成為夜裡飄盪的荒山鬼魂。我開始懷疑，面具上那凝視的眼神是否就是別人看到的我。

一直走到將近午夜十二點，終於抵擋不了睡意，看到路旁有塊平整的營地立刻決定立刻紮營。運氣很好，一搭好帳篷，雨珠就落下，我逃過一劫。

五點，拔營上路。天亮之後，疲倦加上睡眠不足，我倒在三叉口的草地睡了十五分鐘，似乎沒任何人超過我。從步道穿越雙線車道，我沿著馬路找到加油站的雜貨鋪，買了不少食物，在草地上午餐。最後一段路，我加快腳步，下午四點終於抵達 Harpers Ferry。

走在通往阿帕拉契總部的橋上，我的心情澎拜又感動，對於每個想挑戰 AT 步道的徒步者，AT 總部設置的訪客中心像是光芒閃爍的里程碑，又像是指引步道生活的燈塔，意義重大。

我在總部關門前進入 AT 訪客中心，兩位年邁的管理員大叔確認了我的 Thru-Hiker 身份後，讓我獨處寫下給自己的感言，接著管理員幫我拍下與總部的合照，讓我簽了名將信卡加入簿本，然後說：

「恭喜，現在你加入歷史了！」

一個多月前剛踏上步道，我跟假想的對手 **Paul** 聊到對於步道的期望。我們說：「希望每天走十五英里，五個月完成，抵達終點時，可以超越三百人。出發時我的編號是六三一，走到中點 **Harpers Ferry**，成為第三十一個完成一半路程的北行徒步者，過去四十八天，我超越了六百位北行者，比預期的多很多（不過湯沃輾壓過七九〇名北行徒步者）。

接下來的旅程可能很不一樣，如果前方只剩三十位挑戰者，那就意味著我越來越不容易遇到 **Hiker**，會更孤單。

（53.3 / 1025.4 / 2200 英里）

阿帕拉契山徑徒步穿越 Day 49

徒步磁力

早上六點起床盥洗，吃完早餐，回房賴在溫暖的床鋪與棉被裡，直到退房時間到了才離開。

今天是陽光明媚的平常日，Harpers Ferry 的小街冷冷清清，看不到什麼走動的居民，道路上通行的車輛也極少，真是清幽的小鎮。

一路走到火車站的老街區，來訪的觀光客帶來些人氣。此處有許多戰爭時期留下來的遺址，如第一所黑人學校、消防局、驛站酒吧、烈士紀念碑……等，都完整保留以供後人懷想歷史。

我得找找戶外用品店。我很不滿意前幾天在 Front Royal 鎮上買的折疊式登山杖，太笨重了。找到店家，一進門就看見琳琅滿目的戶外裝備，店家看請起來擁擠又豐富，忽然間這小天地傳來熟悉的語言——中文。

原來是老闆在玩中文語言學習遊戲，他得知我來自台灣，還用中文跟我聊天：「我去過台北，那裡有最棒的美食。你一定很難過，因為這裡吃不到牛肉麵。」我笑著回：「其實我都從亞馬遜訂泡麵到青年旅舍，基本上每天都能吃到喔。」

終於，我在店裡挑到一把滿意的碳纖維登山杖，捨棄那把幾乎全新的折疊登山杖，留在店裡的 Hiker Box 給有緣人接手。

喔！我想念起那對在大煙山折斷的登山杖，它們被我留在 David 經營的青旅，大概不會再派上用場了，不，或許某位慧眼獨具的徒步者發現它們輕盈堅韌，會拄著它們上路，一起在步道繼續冒險犯難。

老街上有幾個斗大的冰淇淋招牌，我猶豫著是否要讓冰淇淋當成我完成半程的獎勵，可惜時間尚早，店家還未營業，只能帶著殘念離開小鎮，繼續踏上旅程。

從鐵道旁的便道穿越波多馬克河（Potomac River），過了河就是馬里蘭州。望著河面，斷橋的支柱仍佇立在映著金色粼光的河面，如此寧靜美好，但這裡可是南北內戰衝突最劇烈的前線，在殺戮中，鮮血一定染紅河水，而這是為了一個人道理念：解放奴隸。

小時候睡前會聽卡式錄音帶，《湯姆叔叔的小屋（Uncle Tom's Cabin）》是我印象最深刻的故事之一，即便兒童有聲書的故事情節多被簡化了，但身為奴隸的湯姆叔叔敦厚堅忍的形象以及只差一步就能獲救的遺憾心情，還是深深烙印在我心海。

美國從未受外來勢力入侵，唯一的大型戰爭就是南北內戰。《湯姆叔叔的小屋》是當時的暢銷書第二名（僅次於聖經），美利堅合眾國軍隊首任指揮官亞伯拉罕．林肯（Abraham Lincoln）約見作者時不禁說道：「妳就是那位引發戰爭的小婦人呀！」正是在這三州交界之地，南北內戰犧牲無數性命，卻提供美國國力大增、躍升為國際強權的契機。這都是作者始料未及的結果。我想《湯姆叔叔的小屋》寫作之初，就像波多馬克河永不復返的河水一樣，只想維持單純與無暇吧。

走下便橋，接下來五十英里就是相傳阿帕拉契山徑最平坦的路段，連一天只能走十五英里的 Peter 都誇口：「到時我要一口氣連走三十英里。」

踏上馬里蘭州，迎接你的是一條與波多馬克河平行的林蔭大道，筆直又平坦。相較前幾天陡峭起伏的山徑，若不是沿路樹上都畫著白色油漆，我懷疑可能走錯路了。

林蔭大道洋溢著慵懶的氛圍，伴著潺潺水流聲以及河面耀目的映光。遠方林蔭中有一位壯碩的女士，前方的徒步者一向激發我的好勝心，我會說那是「徒步磁力」，由於這一股磁力，我加緊步伐。林蔭大道至少四英里長，我幾乎追到路徑的終端，才終於能跟這位女士說聲：「早安。」

不知道是否受到 Harpers Ferry 沉重歷史的影響，雖然體能飽滿，精神上卻是疲累的。離開林蔭大道，進入南山州立公園（South Mountain State Park），這是一片綿延四十英里的藍嶺山脈。

我昏昏沉沉從南山山脈北端出口離開，此處有一塊公共營地，不少背包客圍在火堆前取暖。此時天色昏暗氣溫驟降，我也決定紮營休息。

Harpers Ferry 之後的九十英里，沿路沒有商店，我得依賴背包裡的三天存糧撐到下一間青年旅舍。希望這幾天的路段真如 Peter 所說的那般平坦，不然又有一頓折騰了。

晚安了，野蠻人。

（18.2 / 1043.6 / 2200 英里）

阿帕拉契山徑徒步穿越 Day 50

前方有蛇！

在攝氏兩度的低溫醒來，幸好昨晚將防寒裝備都穿上身，才沒著涼。這是一塊公設露營地，有廁所、浴室，有插座能充電，還有熱水可以沖澡，但我沒浴巾跟盥洗用品，所以也用不上。吃早餐（照燒雞肉飯與醬油拉麵），拔營離開。

太陽升起，驅散夜寒，連日暖陽似乎為大地帶來些許綠意。今天有將近三十英里的進度要追趕，涼意漸去，步伐隨之加快。踏進如迷宮般的苔原，錯綜複雜的樹根織羅成無數坑洞，盤踞亂石之上。此地的植物生命力特別旺盛，流水與硬石都不能阻擋植物蔓延，枯葉落進苔蘚洞坑，腐敗分解成養份，被樹根吸收，或許蘚苔與大樹的聯力共生就是此地生命力強悍的原因。

步道穿越河床，幾塊大石躺在河面，大概是先前徒步者留下的墊腳石。我在石頭上跳躍，沒發現離岸邊最近的石頭是個陷阱，腳尖點在不穩固的搖石上，失去重心，跌進河裡。

要命啊，痛死啦！

野蠻人呀，你怎麼能那麼輕易相信那些石頭？

鞋褲弄濕不打緊，小腿脛骨狠狠敲在石塊上，痛得我顏面神經都糾結起來，一肚子火找不到發作的對象，只好忍著疼痛繼續走。不久迎面來了一位甜美高挑的亞裔女山友，我打了招呼就繼續衝刺，每一步都有氣，下得特別用力。忽然間，我意識到「即將」踩上一坨烏漆嘛黑的玩意兒，緊急抱上路旁的樹，用力下踩的腳硬生生一轉，順勢跑向路旁草叢。

沒錯，我又遇到蛇了，這次離得更近。

那蛇也後知後覺，見我嚇一大跳才跟著滑進草叢。這一次我沒那麼怕，這條黑蛇的攻擊意識似乎沒那麼強烈，倒是有點怪罪剛才的女山友，蛇在路上，怎麼沒警告我呢？

繼續走在烈日下的步道，上坡時看見一種長著絨毛的植物，葉廓尖銳，被蟲咬得七零八落，這外貌挫劣的植物在昆蟲心目中顯然是道佳餚。我的體重越來越輕，不禁尋思有無必要在飲食上增加些營養，如果能找到可食的野草，天然有機又免費，豈不妙哉。

我馬上想到阿帕拉契山徑沿路常見的一種傘狀闊葉植物，圓圓笨笨的模樣甚是可愛，時而萎縮時而飽滿，總是成片盤據，奇怪的是我從來沒見它們遭蟲咬。為了伙食營養，我特地花了點時間調查，這些植物有個「五月蘋果（Mayapple）」這樣可愛的名字，顧名思義，它們在五月開出蘋果花模樣的花朵，但全身上下有一種稱為豆葉毒素的劇毒，碰一下就可能引發嚴重的皮膚炎。

看來加菜計畫泡湯了。

又走了一會，遇見一個年邁的山友，他居然對我說：「阿囉哈（Aloha）！」還友善的跟我聊了幾句，我猜他大概對阿帕拉契山徑的 Thru-Hiker 很好奇吧。他說他不是一個人來爬山，他女兒在前面。

道別後走了十幾步，我覺得還有什麼話想跟老人說，回過頭，發現他用一種欣賞的表情看著我的背影。我實在想不起要說甚麼，於是又揮揮手。後來我才順著阿囉哈這個線索猜想他可能來自夏威夷，那個高挑亞裔女就是他女兒（夏威夷有很多日籍移民），這時我想起剛剛忘記說的就是提醒他：「前方有蛇！」天啊！我這迴力鏢打臉打得真快，現在換我變成那個沒提醒山友的罪人了。希望蛇老大被我趕跑之後，別又溜回步道曬太陽。

在步道上，每天醒來都見到不同的景色，想著下一個目的地、規劃下一餐、期待下一片風景，漸漸變成一種習慣，習慣不去想已經發生的事。

如果我執著於腳痛、怨懟自己的愚蠢，對已經發生的事無法釋懷，以致無視當下的景色，會不會真踩上那條蛇呢？

我想，步道又施展魔法教會了我一件事。

踩過不少崎嶇不平的石頭路，覺得腳底忍耐快到極限時，我穿越一塊農場，土黃色的阿帕拉契山徑在綠油油的山丘上豔麗的延伸著。接著，我進入城鎮，沿著民房旁的小徑從人行便橋穿越高速公路。跟著白色油漆的引導，我來到一處公園，此地有許多露營平台，幾個徒步者相約在此，似乎正在學習徒步，打算以此為出發點，學習野外生活。

我看到離線地圖 APP 上有則備註，「可以在此找到願意外送的餐廳」。於是我找了一家 Pizza 店，他們果然常常接到來自公園的訂單，熟門熟路，十幾分鐘後我就拿到餐點了。肉丸義大利麵附贈蒜蓉麵包，十二隻紐奧良辣雞翅，搭配薯條可樂。點太多了，但必須吃完，不然山鼠大哥會進帳篷開派對。

在草皮上曬太陽，看著藍天，看著歡笑在徒步者同好會裡瀰漫，嘴裡咀嚼著預料之外的美食，有種單純的滿足感。

離開公園，不久跨過馬里蘭州界來到賓州。樂極生悲，吃完午餐，緊縛的背包腰帶讓我消化不良，接下來都走得很痛苦，到庇護所短短五英里居然差點走不完。

今天真不是我的日子，還給明天留了三十三英里，快快入睡度過今天吧。晚安。

（28.4 / 1072 / 2200 英里）

阿帕拉契山徑徒步穿越 Day 51

「我」與野蠻人的共識

拖延病！一定是拖延病！

今天規劃了三十三英里，明明早上五點就該出發，竟拖到六點半。身體裡的野蠻人一定是故意的，就是要在十一點公路旁餐廳一開門去吃德州烤肉！

我的理性大為抗拒，一旦吃了，三十三英里走得完嗎？

進入賓州，步道滿布險峻惡石。攀上山坡，沿著樹林裡的亂石陣往北行，眼前冒出一個女性徒步者的背影，滿頭捲髮箍起來，亮色短袖上衣，徒步者短褲，長至脛骨的長襪，這不就是與我在 Glasgow 道別的 Canary 嗎？

Canary 腳程很快，比我早一天回到步道，這段期間我多次長距離夜行，卻沒把握是否已將她甩在身後，或者她仍在我前方。我也從來搞不懂，從背後與人打招呼的適當距離，因此背影主人一轉身，忽然看見我，尖叫了一聲，連我也嚇了一跳。

不是 Canary。她說：「我叫 Sammi，還沒有步道名（眼神落寞）。」

Sammi 獨自從 Harpers Ferry 出發，計畫抵達終點卡塔丁之後，再回到 Harpers Ferry 往南前往喬治亞的南端終點施普林格山，分段完成阿帕拉契山徑。她每天只能走八至十二英里，我忍不住以老鳥的姿態給了一些建議，丟下一句：「我要去前方的餐廳吃烤肉了。」接著飛奔離開。

最終，理性的我與野蠻人握手達成共識，我們一起來到 BBQ 餐廳。店員沒料到才剛營業就有饑渴的徒步者光顧，顯得有點措手不及。

我點了招牌的總匯烤肉特餐，大快朵頤。吃完後，Sammi 居然也來到餐廳，這真的是我們最後一次見面了。我告訴她：「這裡有充電插座。我還有二十英里，先走囉！」

日正當中，炎熱難耐，我走在一片焦黑的荒蕪之中，但這不是野火恣意蔓延的慘狀，樹根沒有焚燒痕跡，顯然是人為的。我猜，生命力強韌的野草總會佔領整片山丘，為野火助燃，要出手干預雜草生長，最恰當的作法不是噴農藥，那會殘害環境，火燒才是兩全齊美的辦法，不但快速除草，還能將養分還歸大地。

冬季已然遠去，春暖花開的綠意應該很快就會在眼前的焦土盎然滋生。

二十英里大概需要八小時，我不太希望摸黑找營地，所以必須加快腳程。沿路上坡下坡不斷，加上剛吃飽睡意來襲，我在水源區取水時瞇了一下，爬階梯時也忍不住彎腰靠在登山杖上短暫閉目養神。

此時，有個人走來，心頭一驚，怎麼是妳？我以為眼花了，揉了揉眼睛，又往後方的道路眺望，來的居然是 Sammi，她笑著朝我走來，而且還轉了一圈，翩翩飛舞的與我打招呼。

我困惑的雙手一攤：「妳怎麼會在這裡？」

Sammi 笑說：「我入住餐廳附近的 Hostel，然後做了 Slack-Pack，被接駁車送來七英里外的步道。」

我恍然大悟：「原來如此，我還以為打小盹搞迷糊走錯路（WorryWay），又往回走了。」

Sammi：「WorryWay 是我的新步道名喔！」

Sammi解釋說：「我剛得到的，因為我今天迷路了三次，Hostel的老闆就幫我取了這個步道名（笑呵呵）。」

我說：「妳學得真快，之後的步道沒問題的，這次真的再見了。」

揮別WorryWay，雖然知道我們的步調不同，只會有短暫的交集，但離開天真瀰漫的Sammi，心裡還是有股落寞，就像是跟一個很好的朋友永別了。

每個徒步者都有相似的經歷，不用明言也能產生一股革命情感，人在大自然裡卸下心防，交流起來似乎也特別真誠。

午後氣溫極高，我到庇護所旁的溪邊取水，將冰涼的溪水淋在頭上醒神。我忍不住想或許這就是湯沃給自己的課題，習慣每天三十英里的步調，之後還可能提升到一天三十五英里或四十英里，想著他遠大的步伐，我可不願認輸。

今天的路段起伏不大，我完成三十三英里的目標，走進松林熔爐州立公園（Pine Grove Furnace State Park）時，天還亮著。

我打算住進鐵匠師青年旅舍（The Ironmasters Hostel），特別的是它由阿帕拉契博物館經營。山上沒有手機訊號，無法預訂床位，敲門也沒回應，難道這房子太大，還有別的出入口？我繞著白色大房子轉了一圈，說它是青年旅舍，我倒覺得是氣派的豪宅。

基於我在維吉尼亞州的經驗，別放棄，再試試。我逕自轉動門把，咦，居然沒鎖，或許這棟豪宅是半開放式的青年旅舍。走進屋裡，有名壯碩大漢從廳內走出來，我趕緊向他表示我是穿越徒步者，想要一張床位。

壯漢帶我到餐廳說：「廚房裡有冷凍微波食品，看你需要多少，價錢都寫在牆上，連同住宿費與食物費用裝進信封，塞進門後的縫隙就可以了。」

壯漢接著帶我參觀房間，講解如何使用廚房與浴室。通鋪房間極大，有八張上下通鋪床，今天我獨佔一樓房間，太舒適了。

壯漢說：「我叫 Mike，我不是管理人，是房客，也是一名徒步者。」我聽了有點訝異，心想，那些接待與介紹都不是他的職責，純粹出於善心。我向他道謝，Mike 說：「這沒什麼，有問題再問我吧。」說罷，Mike 就窩在交誼廳的沙發看西部牛仔老電影了。

我將披薩放進烤箱，趕緊洗澡，吃披薩時還燒了一壺水泡熱可可，簡單吃完晚餐，躺在床上滑手機。此時有個滿臉擔憂的女士站在門口說：「你好，我是 Missy，一切都好嗎？」她才是這間旅舍的管理者。

Missy 說：「我的車拋錨了，花了很多時間才找到修車廠把車拖走，我擔心死了，要是有一大群人來投宿怎麼辦？」

我笑說：「Mike 幫我介紹了所有的設施，我還自己烤了披薩，我能把自己照顧得很好，不用擔心。」

Missy 像是心裡放下一塊大石頭說，「Mike 也是挺可憐的，原本要上山多日徒步旅行，不料人到了，背包行囊卻沒跟著飛機一起來，他都等兩天了。」

仔細想想，我運氣超好，如果沒有 Mike，我大概會以為 Hostel 未營業，累兮兮走完三十三英里，還得摸黑找營地……

（33 / 1105 / 2200 英里）

阿帕拉契山徑徒步穿越 Day 52

藍嶺的知足

And she'd sing a little Blue Ridge Mountain song
她會唱一首藍嶺山小曲
And he'd just hum along
他只是跟著哼
They'd dance all night till dawn
他們徹夜跳舞直到黎明
On the front porch all alone
獨自一人在前廊

They were young and they were free

他們年輕，他們自由

Like a mountain melody

就像山的旋律

In love as they could be

盡其所能相愛

Singing that Blue Ridge song

唱那首藍嶺歌曲

（2013 The Bluegrass album / Alan Jackson）

踏上阿帕拉契山徑之後，我就一直斷斷續續聽到「藍嶺（Blue Ridge）」這個名詞。藍嶺山脈全長約六百一十五英里，從喬治亞跨至賓州，也許我到現在都還沒離開藍嶺。

關於藍嶺山脈有不少歌曲，大多描述在藍嶺山脈這片巨大屏牆裡的男女情愛，以及單純的平凡人生。或許是觀察視角的不同，藍嶺居民認為的「平凡」是種知足的美好，我聽起來卻是一種鄉愁。

我習慣性的在早上五點醒來，想到今天打算只走二十英里，又安心的躺上枕頭，直至早餐。我走去廚房，鬆餅粉漿、咖啡與煎台都準備好了。我習慣了青年旅舍的步調，開始做早餐。這時女管家走來，她說她通常會幫大家準備，但我願意自己動手，她也省事。

等待翻餅的空檔，我問Missy這棟房子的歷史。她說這房子建於一八二九年（將近兩百年！），是當時的鐵具大亨所有，附近所有庇護所與木屋都是當時為他工作的農夫的住家。當時有個金融家Jay Cooke，靠著內戰時期出售聯邦債券賺取的佣金，成為全美最富有的人。Jay Cooke在富商死後買下鋼鐵廠，不料鐵路事業投資失敗，Cooke宣布破產，財產出售給賓州政府，賓州政府將豪宅改建成旅舍，交給阿帕拉契博物館經營。

女管家聽說我來自台灣，非常好奇，她很想去台灣玩，問我台灣有沒有像阿帕拉契山徑這樣的長距離步道。

我說台灣最長的登山步道就應該是中央山脈大縱走吧，全長兩百多英里，道路險峻，平均海拔九八〇〇英尺以上，走完全程一般需要一個半月，中途必須有人補給或自己預先貯藏補給，不只是體能上的挑戰，需要做的功課很多，太困難了。

Missy 難掩失望，我安慰她說：「台灣有很多壯麗的高山，好吃的美食，值得專程探訪。」是呀！像阿帕拉契山徑這種超長步道，補給方便，沿路還有庇護所，真是人間少有了。

每天在陌生的地方醒來，時間全由自己掌握，與大自然融為一體，五感確實用於生存而變得敏銳。如果短時間的登山活動是體驗，那麼長時間的徒步穿越就是一種生活。

整理完背包，離開 Hostel，走進松林熔爐州立公園，不久就看到阿帕拉契博物館了，聽說裡面展示已退役的舊卡塔丁終點路標。時間尚早，博物館還未營業，看來這牽起步道的傳奇路標我只能在終點見識了。

阿帕拉契山徑有各式各樣奇葩的挑戰名目。在 Harpers Ferry 所在的三州之地用二十四小時跨越至賓州，是所謂的「四州挑戰（Four State Challenge）」。阿帕拉契博物館前有一間小商店，看似不起眼，販售的半加侖冰淇淋在徒步者之間卻相當火紅，許多人在此進行「半加侖挑戰（half-gallon challenge）」。我還蠻想吃冰淇淋，但Mike說小店還沒開始營業，看來這挑戰是與我無緣了。

踩過滿布露珠的草地，前方有一面群山圍繞的湖泊，凝滯的白霧在湖面上飄擺。我放下背包，坐在湖邊大石，感受生命力在寧靜的林中漫開來的噪響。

走在河邊平坦寬敞的步道上，兩旁陰涼的綠意散發著豐富的芬多精。今天從清新舒服的早晨開始，順著步道往高處走，爬了一座小山，穿越小溪，又回到人群聚集的城鎮。

地圖上說這附近有間雜貨舖，我順著公路找到，雖然小巧，卻附設餐廳，兩個女廚師打理一切，漢堡、炸雞、薯條、奶昔……滿滿的選項，我點了週五特餐，炸魚、薯條加香草奶昔，離早餐不到兩小時就吃第二餐，搞得胃有點吃不消。

從仙納度國家公園開始，我就一直嚷著要吃冰淇淋，直到此刻才從願望清單劃去，如果奶昔跟冰淇淋算同一類的話。

吃飽了，就好好運動，拿之後的十三英里來幫助消化吧。接下來是石頭堆疊的攀爬路段，我打算以悠閒的心情來度過，於是掛上耳機聽離線廣播。

廣播聊到父親對女兒十年前在母親喪禮上面無表情的反應，相當不能諒解。每年都向親戚抱怨，母親的妹妹終於問：「為什麼你不直接問她？」老父親問了，女兒說：「你太難過了，如果我不堅強，我怕你會更難過。事實上，我都自己躲在房間裡偷哭。」老父親聽了之後爆哭，害我也跟著爆哭，接著我笑自己哭什麼啦……如果有人看到我在石頭上爬來爬去，又哭又笑，一定覺得我走 AT 走到發瘋了。

大概是一整天遇不到幾個人，在森林裡獨走覺得特別自由自在，天地那麼寬敞，卻只屬我一人，沒有顧忌。

我見過屍體，癌症過世的爺爺，車禍去世的舅舅。舅舅意外過世時，表弟年紀還小，我自告奮勇陪表弟一起在陰暗的太平間看法醫驗屍，當時我也不過高中而已。舅舅腦部遭受撞擊，屍體莫名腫脹扭曲，相當醜陋，驗屍台上的軀體很陌生，我一點也不覺得是我認識的舅舅，瞻仰爺爺遺容時也是同樣的感覺。

當人的靈魂不再，身體就跟土壤或植物沒什麼區別。

後來我總是找理由避開喪禮，我不想為遺體展現任何情緒，應該說，我沒有情緒可以表現。

外婆的喪禮也是我逃避的喪禮之一。為什麼我從沒能好好道別呢？或許一旦道別，外婆就會慢慢從我的人生消失？是不是不道別，就能保留外婆還「活著」的感覺呢？

如果我是廣播裡的女兒，我「不哭」的理由或許不同。參加喪禮大概是顧慮「還活著的人」的感受，但我不想以一場簡單的喪禮結束我與外婆的聯繫，那太廉價了！

從亂石山崗回到平緩的公路，步道的黃土穿過農田，向湛藍天空延伸。

烈日當空，遠方有位徒步者迎面而來，擦身而過時他順手塞了幾顆橘子給我，我說了謝謝，一邊剝皮一邊往嘴裡塞，嘴裡流溢著橘子的酸甜，伴隨我的是遼闊的翠綠平原。

前方有一個渺小的背影，默默的，我為了追逐那背影而加快腳步。不知追了多久，太陽曬得我口乾舌燥，就在那時我在岔路口遇上那背影。

他是一名年約六十五歲的老者，飽經風霜的衣著，克難簡約的裝備，顯然是經驗豐富的徒步者。我跟他一起走往沸泉鎮（Boiling Springs）塵土飛揚的路徑。

或許沿路我都盯著路面，讓我像戴了一副黃色濾鏡，草皮上的蒲公英、路旁的樹叢、一望無盡的草原以及無雲的晴空。一切都像褪色的舊照片，抹上了一層無奈的黃艷，好像時間也跟著變慢了。

我告別老者，因為我與青年旅舍的主人 Lisa 約四點碰面，接駁車抵達前我得先行一步，前去鎮上採買接下來幾天的補給品與晚餐。在忙碌的採買後，我終於搭上 Lisa 的接駁車往青年旅舍，她是一位中年女士，做事精明卻顯得有些急躁。

我們行駛在沸泉鎮，車子過河時，看見橋下有不少漁民，我在雜貨店也看見不少墨西哥裔漁夫在買啤酒解暑。這裡肯定在進行什麼慶典吧？我問 Lisa。

Lisa 說：「鱒魚季開放了，他們在黃馬褲溪（Yellow Breeches Creek）進行飛蠅釣（Fly-Fishing），剛釣上來的肥美鱒魚可美味了。」

Lisa 家是豪宅，前院有大片的草坪，後院一半圍起欄杆讓馬活動。我們徒步者下榻在戶外野餐區旁的木屋，屋裡整理出兩張上下通鋪，今天遇到的老者睡下鋪，同房的還有另一位與老者年紀相仿的徒步者。

老者很慷慨，吃不完的披薩都分給我，我撐著飽脹的肚皮去找 Lisa 的馬合照，接著去洗澡。Lisa 特別交代不能在水槽裡洗衣服，於是我一邊洗澡一邊把衣服洗了。Lisa 看見我晾在曬衣竿上的衣服，不很高興的說：「不是說不能洗衣服嗎？」我解釋說：「妳說的是不能在『水槽』洗，我是在浴室裡洗的啊。」Lisa 無話可說，倒是坐在戶外躺椅上的老者笑呵呵看著我辯解。

我當然是故意的！

接下來要進入一百二十英里的荒野，不把握機會把衣服洗了，我怎麼受得了？

Lisa 顯然有潔癖，太想控制生活中每一樣變數，這大概就解釋了為什麼她身上有種急躁的氣質。不過，這也讓我反過來想，餐風露宿的徒步者真的「還能」保持潔癖嗎？

（19／1124／2200 英里）

阿帕拉契山徑徒步穿越 Day 53

劫後溫暖

「我想我們不會再見面了，祝你好運。」

兩位老者本來坐在尚未營業的餐廳外等候早餐，忽然間站起來用力揮動雙手，大聲喊道。

Lisa 將我們接駁到阿帕拉契山徑之後，我與老者揮別。老者陪我經歷了昨日的豔陽，又有了上下通的同床緣分，我們兩人都很木訥，沒說太多話，卻藉著細微的肢體語言理解了彼此的個性。他將用沈穩的步伐一步步踏上卡塔丁，我則將盡情挑戰大自然，間接認識未知的自己。

白色油漆畫在沸泉鎮公路旁的電線桿，我依指標轉進樹叢，走在筆直的阿帕拉契山徑，兩旁的景色吸引著我離開步道，踏出樹叢，步入一片極其遼闊的大草原，那翠綠色鋪疊到地平線盡頭。

我不知道到底多遼闊，草原上沒有樹、車或馬能當比例尺，反而覺得天空離我更近，凌亂的雲彩作為前景，襯托著藏身白靄中的溫潤暖陽。

我遇見至今所見最美麗的日出了。

依依不捨離開草原，由著步道帶領穿越秘密花園般的長廊。長廊盡頭是一座牧場，牧場裡有數十頭乳牛隨意伏在草坪，周圍只有幾條簡陋鐵絲圍成的籬笆，以至於牠們似乎對我生出戒心。有一頭小牛對我特別感興趣，在籬笆前與我四目相望，激動的做著跳躍的假動作。我不禁笑著說：「冷靜冷靜，你以為你是狗嗎？」

牧場轉角有間無人照看的良心商店，但有個豪華的名字——步道景觀市場（Trail View Market），冰箱架上販賣生乳與冷飲，我拿了半加侖生乳與一罐開特力，算好現金放進盒子裡，接著在登記本填上姓名與金額。這時，一個想法突然冒出頭，我將登記簿往前翻，看看有無湯沃的名字。

找到了，四月十九日，整整領先我三天。

坐在店外的野餐椅，打開生乳來品嚐，瓶頸累積了稠密的脂肪，我不敢直接喝，只好失禮的倒掉懸浮物才敢入口。老實說，跟平常鮮奶並無太大差別，除了一絲微妙的酸味，還多了一股青草味，回想起來仍彷彿俯身在草地上就嗅得到。

我傳訊給湯沃：「我會連續四天每天走三十英里，我會追上你！不要偷懶。」才誇下海口，平原路段一結束，翻上山就遇上午後大雨，即便穿著雨衣，體溫還是不斷流失，這場雨來得太猛烈，令我措手不及。

我像逃難般來到鄧坎農（Duncannon）這座小鎮，冷得手腳直顫抖，將背包丟在長廊，窩在加油站的小超市吃熱食喝熱巧克力，直到手指回暖，身上不再有雨水滴落，才開始尋找能避難的落腳處。

青旅老闆回訊了，他指示一條隱晦的道路，我有點狼狽的循著線索找到大門口。老闆告訴我大門密碼，站在雨中，還沒來得及輸入，一個中年徒步者打開門了。

他說：「快進來吧！我罩你。」

今天有三個徒步者處境跟我相同。我道聲謝謝，選好床位，拿了供人換洗的睡衣，趕緊進浴室沖熱水澡。

呼——感覺又活過來了，這是種很舒坦的喜悅。

我曾在鄉下與外婆生活了兩年，那兩年與大自然的親近可能建構了我某部分的情感基礎。進出外婆家時會經過一座大橋，橋下有一株大榕樹，樹旁有一座土地公廟，兩者緊密相依，沒有人說得出先有廟還是先有樹。關於大榕樹有個傳說，某年颱風侵襲帶來大水，水淹了房子，人人爬上大榕樹逃難求活。媽媽說，外婆也爬上樹，在冷雨中許多人依偎在樹梢逃過一劫，因此我對大榕樹滿心尊敬。

台灣幾乎每年都會遭到颱風侵襲，對小學生而言除了不需要上學，我也很喜歡那種風雨中的溫暖。能在困境中提供溫暖的地方才是我認同的家，我不斷讓自己陷於苦難，是否正是病態的享受劫難後的溫暖（歸屬感）？

我走到街上，將濕掉的衣物、睡袋、鞋子都扔進自助式烘衣機，到對街的披薩店吃晚餐，不知道是否出於「落難者情結」，我覺得吃了步道上最好吃的帕瑪森雞翅。

從洗衣店取回衣物，晃著走進附近的便利超商。超商櫃檯是一位留著紫色龐克頭的中年女性，店內還有一名衣著襤褸的老人在玩吃角子老虎。我拿了牛肉乾、蛋白質飲料、起士風味玉米餅還有櫻桃可樂去結帳。忽然間，我有一種「我是誰？我在哪裡？」的迷離感，我出現在一個完全沒預料到的地方，如果不是那場大暴雨，應該就不會巧遇這些「美好的感覺」。

今天只推進了二十四英里，此刻我卻有股幸福感油然而生。

（24 / 1148 / 2200 英里）

阿帕拉契山徑徒步穿越 Day 54

野生動物

還沒有人起床，我開著紅色頭燈，靜靜收拾行李，怕吵醒人。開門離去時，還躺在床上的大哥翻身對我說：「祝你幸運，SAVAGE。」我小聲說：「祝你們幸運。」

這是個又濕又冷的早晨，即便天已亮，整個小鎮卻似乎只有我一人在屋外走著。鎮上的房屋都緊鄰馬路，馬路也就是兩個車道的寬度。沿著筆直的馬路轉出小鎮，景色突然開闊起來，一座跨越大河的橋，橋的對面是一片連綿的山脈。走上橋上的人行便道，身上已沾滿蜘蛛網，我獲得「今天最早起床的徒步者」的殊榮，只是獎品我一點都不想要。

到了山腳，得先跨越火車軌道才能回到阿帕拉契山徑。美國的火車常用來運礦，可以掛很多節車廂，一列車綿延兩、三英里根本司空見慣，一旦拋錨，一、兩個小時靜止不動也常見。

阿帕拉契的步道管理者就特地公告，請徒步者千萬不要從靜止的車底穿越，免得發生危險。我的運氣還不錯，雖然火車停在軌道上不動，但車尾沒擋住我的去路，明明步道入口就在幾步之外，要是意外受阻必須多繞三英里，難怪許多人不惜賭一把。

翻上山，一個滿臉笑容的徒步大叔坐在一截倒木上，看著河畔小城鄧坎農，像小孩一樣興奮的對我說：「你看，這是一張椅子耶！」我說：「是的，而且景觀很棒。」

今天步道起伏不大，路也筆直的被包圍在樹林裡，應該是大幅推進的好機會。但氣溫真的很低，我沒吃早餐，又冷又餓，快不起來，更慘的是，我急著離開，忘了裝水，沒半滴水也煮不了能果腹的熱食。艱難熬了三小時，終於抵達庇護所，我把背包留在屋裡，來回半英里取水去。終於能吃上一碗熱呼呼的牛肉麵，溫暖的畫面都浮現腦海。

突然背後傳來一聲呼嘯，一個光著上身的鬍鬚男衝上來，原來是越野跑者，他從我面前穿越，熱血的模樣讓我忍不住為他加油。

午後陽光灑落，溫度回升，吃完熱辣的牛肉麵，身心狀態都達到頂點，趁著這股氣勢，我一口氣走到黃昏。

今天落腳勞斯隙谷庇護所（Rausch Gap Shelter），這是目前為止阿帕拉契山徑上令我印象最深刻的庇護所。前往庇護所必須離開步道，走上一條平坦寬敞的路，沿峭壁而行，一隻刺蝟懶散爬著，我好奇盯著，直到牠害羞躲進洞穴。走了好一段才看見深林裡的庇護所，造型特殊，像埋在地裡，既避風又保暖，庇護所前的廣場有棵斷樹，被圓形鐵板圍住充當用餐區，山泉水導流進儲水槽，取水相當便利。

真正讓我印象深刻的是今晚的住客，一個大鬍子，一臉粗獷，蓬頭狂野，裸著上身在廣場上燒火，還用一種我聽不懂的語言打招呼，「野蠻人」這個名字似乎更適合他。最令人訝異的是他的「表情」，他燒得太開心了，我不禁懷疑他是不是沒東西可燒了，索性脫下衣服丟進火堆，萬一再找不到東西，會不會連我也丟進火堆？我真的感到害怕，無論如何也不敢與他同宿，就算晚點夜裡會下雨，我還是寧可在庇護所上方的土坡紮營。

不知是否徒步者太少，今天遇到的似乎都變成「野生動物」了。

（30 / 1178 / 2200 英里）

阿帕拉契山徑徒步穿越 Day 55

刺蝟與河狸

夜裡風刮得很強勁，鬆散的營釘都被拔了起來，所幸雨下不久，否則昨晚夢裡我應該在太平洋漂著，漂往住著食人族的島嶼。

晨光熹微，收拾完一塌糊塗的帳篷，走回步道，在寧靜的樹林裡我聽到一絲聲響。原來是老朋友刺蝟，牠正在爬樹，我一轉頭牠馬上不動，我盯久了，牠知道露餡，也不裝了，蠻不在乎地繼續爬樹。

往北的步道經過一條溪谷，前陣子河狸在溪裡建水壩，這任性的建築師把房子蓋在河道上，導致河水溢流，把阿帕拉契山徑都變成河道。沒辦法，人家是原住民，我們是外來者，人家喜歡怎麼布置自己的家，我們能有什麼意見？只好鼻子摸摸繞點路。

與河狸的第一次接觸是在紐澤西，一家人正划著獨木舟，誰知這條藏身濕地叢林的河道水流湍急，悠哉划船變成極限泛舟，父母親還翻船跌進水裡，渡過驚險刺激的前戲，獨木舟之旅的尾聲落在一片漂著蓮花的溪床，景色寧靜動人心弦。誰想得到會來到這片仙境呀？

那片溪床就有幾座河狸搭建的圓形城堡，闖入這些勤懇的藝術家園地，我都感到失禮了。後來對河狸有更深入的認識，才知道牠們是生態環境的偉大設計者。紐澤西的泛舟導遊說：這條河一百多年前可以通行郵輪，當時河岸的港口經濟因此發展起來，直到鐵路與汽車盛行，都市發展區域轉移，河道棄置，河狸接著修築水壩，將水渠變回土地，奪回人類掌控的森林開發權，才間接孕育了豐富的生態體系。

步道緩緩升至一片焦黑的火焚之地，土裡冒出鮮綠嫩芽，在初升的陽光照耀下，顯得朝氣蓬勃，我覺得自己被它們鼓舞了。

穿越壑谷與草原，走在一八九〇年建造的老鐵橋之上，看著午後陽光灑落大河。鐵橋必曾活絡了城鎮的經濟，如今往來的只有少數登山徒步者。

阿帕拉契山徑劃設於一九三七年，間接保護了兩千多種瀕臨絕種的生物，也完整保存了部份歷史古蹟。這條步道是謙卑的紀錄者，紀錄著人與生物的故事，在這條步道上，人們一直遵守與自然共存的理念。

我不禁好奇，一百年後的人們將如何看待我們這些穿行步道的徒步者？也許更美好的未來，不是科技變得更先進，而是人們尋得與自然共存共榮的生活方式。儘管我認為不太可能，但阿帕拉契山徑似乎為此先丟了一個問路石。

（31 / 1209 / 2200 英里）

阿帕拉契山徑徒步穿越 Day 56

糖果

我「逃出」森林，窩在與阿帕拉契山徑交叉的森林防火巷（firebreak）煮午餐。從山頂俯瞰向遠方山坡延伸的防火巷，不禁想著剛才發生了什麼事。

昨天在暮色之中隨意揀了一塊營地紮營，醒來之後我就開始在石塊上徒步。賓州的「石頭海」惡名遠播，堅硬崎嶇的花崗岩彷彿從天而降，一路散落在步道上。

在石頭上行走必須謹慎選擇踏點，沒人想要腳底突然被尖石「穴位按摩」，也不會想把腳尖插進縫隙摔個四腳朝天，不過蛇可喜歡躲在石縫裡乘涼了。總之，這些石頭就是苦難疼痛的總和。

我低頭緊盯每一塊石面，低頭緊盯踩在石頭上的每一步。今天的路程依然漫長，「石頭海」讓一切變得更煎熬。注意力持續鈍化，不知過了多久，我的心神斷片了，剛剛發生的事情完全不存在我的腦海，若不是森林防火巷將我喚醒，我可能還在石頭海上「行屍走肉」呢。

在日復一日的人生裡，如果不開拓眼界，不跳出舒適圈嘗試新可能，是不是也會變成「行屍走肉」呢？不知不覺中，僵化的生活蠶食生命，一旦如夢驚醒，生命已進入尾聲。現實生活的「石頭海」帶來的僵化，會不會更令人恐懼呢？

離開防火巷，我再次穿越另一片「石頭海」。我遇到一對徒步夫妻，他們問我去哪裡，我說緬因州，他們驚呼：「你就是阿帕拉契山徑的徒步者？」接著他們追問我何時啟程，印象最深刻的地點，遇過什麼奇幻的事情……等。我的徒步人生在他們眼裡是那麼特別，我似乎暫時不用對僵化感到擔心。

走下山坡，跨過鐵軌，經過一座古色古香的火車站。火車站聯外道路穿越一座社區，可惜社區裡只有住戶，找不到商店可補給。

我走上主要道路，打算碰碰運氣找找商店，背包裡已空蕩蕩了。此時一對開車的老年夫妻將我喊住，說：「我們要到鎮上的大型超市，需要載你一程嗎？」真是好心，但他們採買完可能還要去別處，就算他們願意載我回來，可能也要花上不少時間，我今天還有三十英里路要趕呀。

我說：「謝謝，不過我應該能自己搞定。」

揮別老夫妻，我在附近找到一家糖果店，買到一些調味榛果與飲料，雖不足以當主餐，但多少能補充一些熱量。明天我會有位步道訪客，所以我也買了糖果要送她。

在店外的椅子享受了一會兒午後的陽光，然後繼續前進，走著走著，甚至沒去想「斷片」是否會再來一次。

今天在斷水、斷糧、低溫的狀況下無奈紮營，搭帳篷時有頭鹿在營地旁探頭探腦，似乎想靠近，難道是被烤榛果的香味給吸引了？

終於，我「幾乎」完成四天一百二十英里的目標。在步道上似乎就是另一種人生，每天都會遇到不同的事情，時間的流逝感與現實生活也很不同，兩個月前發生的事，對我來說如同上輩子那般遙遠。

希望步道訪客還認得我。

（31 / 1240 / 2200 英里）

Day 57～69 步道訪客 Amber

我幫 Amber 取了一個步道名「小野蠻人」，問她：

「以後可以帶我去走大陸分水嶺步道（Continental Divide Trail）嗎？」

阿帕拉契山徑徒步穿越 Day 57

輪到女兒接我回家

帳篷外的陽光明明那麼暖和，我卻經歷一夜飢寒，沒有水沒有食物，吃不到熱食，夜裡每每餓到醒來，只好從零食包抓一把烤榛果，多少吃點，權充心理補償，如此反覆幾次直到天明。

離開營地，走了六英里抵達懸在山徑旁的青年旅舍。這座旅舍不大，像一戶普通民房，但位於高處，又崁入山坡，能將遼闊的山谷納入視野，鳥瞰老鷹盤旋，陽光從雲層穿透而下，此景實屬百萬級別，不禁佩服旅舍老闆慧眼獨具。

我傳訊息給旅舍老闆，希望買些補給品，老闆回說當然沒問題，接著給了我一串密碼，讓我自己開門去採購。我像一個失去理智的購物狂，買了超過所需的食物，將現金信封投進保險箱，抱起滿滿戰利品，坐在戶外野餐桌享受熱食與景觀，疲憊之後的幸福感再度溢升。

這時湯沃傳來訊息：「嘿，你完成了一百二十英里了嗎？」我回說：「完成了，我就在這裡吃早餐呢。」

「爸爸！好想你喔……」

Amber 跳下車，跑到我身邊輕輕摟住我，終於等到這位步道訪客了，她從紐約前來賓州此地只需三小時車程。

在我努力清空食物的同時，Amber 唸故事給我聽，與她一起找出書裡的犯人，這就是 Amber 精心設計的禮物，四天趕了一百二十英里，就是為了見到她。話說，我的衝鋒外套應該是臭的，我可能因長時間徒步變成異味的一部分而聞不到。這件外套經過風吹日曬雨淋雪打，還承受我的汗水，從來沒洗，頂多只是攤開綁在背包上曬太陽，我聞不到，實際上應該異味四溢。Amber 不以為意，還一直靠在我身上，我都怕弄髒她了。

飯後，我該出發回步道，畢竟我還得補上耽擱的里程。Amber 與我的背包隨車前往下榻的旅館，我換掉走了六百英里的越野鞋（那是我與 Don 一起買的），穿上配備 Vibram 的新鞋，這就是專門用來對付「石頭海」的超級武器。

跟Amber擁抱之後，短暫告別，回到步道，新鞋穿來就跟坦克一樣，如履平地，加上藍芽耳機（有線耳機常勾到登山杖、收納又麻煩，常搞得我心煩），以及隨著季節越來越輕簡的背包。切換成越野路跑模式，藉此拉近與湯沃的距離，這就是我未來幾天的計畫。

沿路的石頭海已不再是困擾，但走來還是相當累人，不過那無法阻礙我的步伐，Amber在前方等著，慢下腳步令我焦躁不安。

Amber兩歲時，我們由於工作不得不將她託付給短期安親班，她還小，不明白自己要去的是什麼地方。一早她背起小背包，興高采烈，安親班老師帶走她時，她卻一臉迷茫，沒有反抗、哭泣或掙扎，只是很疑惑為什麼要跟爸媽分開。這是Amber第一次與父母分離的經驗，類似的情緒對我並不陌生。

我第一次搭上幼稚園娃娃車回家也很迷茫，坐在副駕駛座，很想快點回家，卻不知道路，看著其他小朋友一個個被送到家門口讓爸媽接走，心想我家在哪裡，只有司機大叔知道，但他知道我媽會在門口等我嗎？

那是一種充滿了未知的不安，我相信 Amber 一定也經歷了跟我相同的感受。我下班去接她，安親班的老師說：「Amber 很有愛心，看到其他小孩跟爸媽分開而嚎啕大哭時，Amber 會上前安慰，分享玩具。」老師喊 Amber，她還在專心玩著玩具，看到我也沒什麼反應，全副心思好像都用在玩玩具這件她唯一能做的事情，直到老師喊著「要回家囉」，才把 Amber 喚醒。

兩歲的 Amber 背起背包，頭也不回的往前走，我反倒只能默默跟著。來到路口 Amber 不知怎麼走，我說：「我推妳回家吧。」準備抱她坐上嬰兒車，她突然大哭起來，哭得好傷心，我的心都糾結起來了。Amber 一邊哭一邊打著我的胸口，等她情緒宣洩完，我說：「老師說妳很棒喔！我們去買玩具好不好？」Amber 才破涕為笑。

沿著山脈往北跑，在樹林裡穿梭，偶爾能在視野開闊的平台一覽山谷的景色，山脈與河道在前方交會。我俯瞰著筆直的大橋與城鎮，Amber 就在大橋另一端終點處等候。

輪到女兒接我回家了。

（21 / 1261 / 2200 英里）

阿帕拉契山徑徒步穿越 Day 58-60

為什麼不能好好講故事？

有些事我料不到會在阿帕拉契山徑發生，例如穿過惡劣的冰雪，走在深夜的黑暗森林，雖然害怕卻也未曾掉淚，但萬萬想不到我居然會在阿帕拉契山徑一個小鎮的圖書館哭得稀哩嘩啦。

這是個整天下雨的週末，一家三人哪裡也去不了，困在鎮上的旅館享用早餐Buffet與溫水泳池。望著窗外不停的雨，電視新聞不斷播報颶風對佛羅里達州的侵襲，在外圍環流的影響下賓州也創下新的雨量紀錄，我擔心接下來幾天無法正常推進。

中午，泡完熱水澡，我決定去鎮上晃晃，透透氣。我查到鎮上有漢堡店曾獲得全美最佳家庭餐廳，決定帶Amber去吃炸雞柳條跟漢堡，過過癮。

餐廳裡，電視播放益智猜謎節目，Amber看得津津有味，但我覺得必須幫她安排些活動，不能浪費了難得的相處時間，因此決定去鎮上的圖書館逛逛。

這是一間有百年歷史的圖書館，剛好有彩蛋節活動，圖書館的老奶奶和藹的說：「找到藏在圖書館裡的彩蛋可以換一包糖果。」彩蛋找起來不太困難，Amber 喜孜孜找到彩蛋換了糖果，揀了圖書館提供的蠟筆開始塗鴉，我則找了一本英文版日本漫畫翻閱。

這是一本我三十年前就看過的作品，再次翻看第一章，覺得蠻感動，故事情節類似《麥田捕手》（Catcher in the Rye）。於是跟 Amber 說：「嘿，我講故事給妳聽。」講到主角為了保護小孩而犧牲生命，孩童因此面對死亡的純真情緒時，我居然忍不住哭了出來，還泣不成聲。Amber 不解為什麼我不能好好講故事，聳聳肩說：「這到底有什麼好哭的？」我堅信她一定沒能領悟故事的含意，或是每個人哭點不同。

某次揀了一本與奶奶告別的童書，講述生死的故事給 Amber 聽，我受到書裡滿滿的情緒影響，感動萬分，Amber 卻一副這有什麼好哭的神情，手一攤聳肩說：「一點都不感動啊。」我的好奇心與好勝心都被激起了，她到底是沒聽懂，還是沒心沒肺。

我認真嚴肅的說：「妳知道每個人都會死嗎？有一天，我也會死掉，媽媽也會死掉。」

Amber眼眶泛淚，嘴巴撅起來了，卻還倔強的聳聳肩。

「那時就只剩Amber在世界上了。」

Amber被擊潰了，斗大的淚珠像止不住的水龍頭，不停落下，漲紅的小圓臉嘶聲哭喊：「我不要你死掉！我不要你死掉！」

怎麼能只有我哭？於是我故技重施：「Amber，妳知道每個人都會死掉嗎？」

專心塗鴉的Amber一聽到這句話，馬上背過身說：「我不要聽，你故事講得很爛。」

（71／1332／2200英里）

阿帕拉契山徑徒步穿越 Day 61

身體是任性的傢伙

退房後，離開旅館，一層陰霾緊壓城鎮，溼冷的空氣摻雜雨絲，伸出掌心試圖捉握，什麼也接不到。

Amber 來訪五天，大半時間賓州都沈浸在豪大雨中，我覺得更像是困在名為旅館的孤島，無法爽快邁出步伐，讓我感到煩躁。

輪胎壓上碎石，發出高頻率的「嘰呱」聲，汽車駛進一處布滿河流的公園，有個孤單的身影穿著雨衣在溪邊釣魚。

欄杆擋住單線通行的車道，無法再往前，接下來只能靠雙腳了。Amber 穿上外套跟著我一起下車，好奇的跑去尋望湍急的溪裡是否有魚，沒一會她指著水底說：「爸爸，我看到了！」

我跟 Amber 一起蹲在水道旁觀看，的確有幾條跟著水草搖擺的魚兒。

我輕輕摟著 Amber 說：「我得出發了，待會見，別淋到雨了！」

我踩在泥濘之上，朝向阿帕拉契山徑逕直穿越森林，心想得在下一波大雨前，盡可能累積里程。

沒多久，我找到阿帕拉契山徑的白色油漆，而步道旁潮濕的落葉與深褐色樹梢都隱身白霧之中。這段路算得上筆直了，在林中走了好一會兒，我遇見一個壯碩男子的背影，身旁還有一頭黃金獵犬。

壯碩男子知道我在身後，於是加緊腳步，狗也專心跟著，一直走到步道轉角，那裡還有另一名男子牽著狗在樹下等候。

兩隻狗熟悉的嗅聞彼此，男子一見面就調侃了昨天的大雨，像是他們每天都會約在阿帕拉契山徑的角落，漫步打招呼，日復一日，維持著即便雨天也不會輕易中斷的友誼。

白色油漆引我鑽進灌木叢，經過冷冽的溪床，正好讓我將鞋底微微泡進溪水，讓水帶走鞋底的濘土。雨絲漸粗，我走到停車場時已變成擊在背上會微微疼痛的勁雨了。

再不遠就是紐澤西州界，但我想今天只能在這裡結束了。我躲在樹下，只能稍微躲開劇烈的雨勢，從雨衣流下的冰雨最後還是落在鞋上，雨實在太大，不禁擔心之後的步道都沉入水裡了。

車子將我接走，今晚的目的地不是旅館也不是青年旅舍，而是紐約的家。在車上我傳訊息告訴湯沃：「雨太大了，我今天的徒步已經結束，只推進十七英里。湯沃說，他的情況更糟，雨衣可能掛在背包外被樹枝勾丟了，淋雨淋到失溫，一直到城裡加油站才找到簡便雨衣。我想給他送雨衣，他說不用，已經搞定了。

車子回到住處。兩個月以來，步道的艱辛我都一一克服了，還有什麼我沒遇過的呢？但我萬萬沒想到，居然爬不上通往二樓短短的階梯，雙腿罷工，回家的路竟還得有人推我一把才到得了。身體真是任性的傢伙，想走的時候誰也攔不住，想休息的時候，連多撐半刻都不願意。

明天放晴，新挑戰正等著你，好好休息吧。

（18 / 1350 / 2200 英里）

阿帕拉契山徑徒步穿越 Day 62

想辦法通過呀！

清晨五點半，紐約市天際線還沈浸在幽靜的曙色裡，趁著車潮還未甦醒，我妹駕車將我送回紐澤西州界的步道。

連日降雨讓步道路況相當糟糕，光是從一灘爛泥巴回到步道都困難重重，一個不小心鞋子陷進泥裡，而且冷冰冰的。

進入步道，路況比想像的好，遇到泥濘就找石頭踩，沒石頭可踩就走路旁草地。大部分路況我還能應付，反正今天一開始鞋就濕了，還有什麼好擔憂的。想不到真的有，一整條步道沉在湍急的河裡，水深及腰，水流又強，不容絲毫失誤，不然跌進河裡，不知會漂去哪裡了，太令人崩潰了。

我決定返回車道，打算借道略過這一段，這時幾天前遇到的 Jellybean 迎面走了過來。我講了前方的慘況，他一副正氣凜然的說：「那我們得想找個方法『通過』呀。」他說得理所當然，我都感到不好意思了，只能硬著頭皮上了。我重新評估路線，既然水路不可行，唯一的方法就是跳過小河到步道旁的小島，再從橫倒在河裡的樹幹走到對岸。

因為是我想的點子，我先帶頭測試是否可行。小島上雜草叢生，沒幾處能落腳，荊棘還在我腿上割出血痕，不過還算順利的踏過樹幹，通過急流。接著 Jellybean 也過了河，就這樣我們結伴同行了一段路。

有他在我背後，我的速度更快了。我們在一段兩旁都是灌木叢的筆直步道上走了好長一段時間，我戲稱為「洗鞋之路」，因為整條路猶如小河，走完之後鞋子煥然一新，居然還蠻開心的。幾個路口之後，我失去他的身影，我猜他去鎮上找午餐了。

接著眼前出現亮眼的木棧板道，兩旁都是濕地，濕地的金色蘆葦泡在水裡長得比人還高。這是我經常來訪的步道之一，名叫「通往天堂之梯（Stairway to Heaven）」。我跟 Amber 一起找棧道下的魚，這片水域透著沈靜透明的青綠色，水草漂蕩在水底甚是美麗，偶爾還能看見半米長的大魚悠遊穿梭在綠色世界裡，Amber與大魚就在木棧道與水草間玩起了捉迷藏。

通過木棧道架高路段，河水氾濫得更嚴重，整片區域幾乎都淹水，步道上的木棧板變成用來認路的指標。水真的很深，但一想到Jellybean一定會說：「想辦法通過呀！」我鼓起勇氣踩進水路，天啊，深幾乎及腰，荒謬到讓我哭笑不得，不禁想著我是不是正與那半米大魚共享同一條步道？水裡有蛇嗎？幸好不是在佛羅里達，不然還得擔心鱷魚，但真的沒有鱷魚嗎？

通過冰冷的「洗褲之路」，穿越鐵軌，爬上柵欄，通過濕漉漉的牧場，眼前的瓦瓦安達山（Mt. Wawayanda）就是我的夢魘之一。

泡了冰溪水，全身發冷，我先到農場販賣部弄些熱食，最暖身的就是剛出爐的蘋果西打甜甜圈，我貪心的買了半打，搭配鮮榨蘋果汁，太好吃了！

以前不曾在這個販賣部停留，大概每次結束路程，又會趕去下一個時髦的餐廳，今天嚐過這甜甜圈的美味，我被圈粉了，或說我變圈粉了，以後再訪肯定會為了剛出爐的甜甜圈多等片刻。

吃完下午茶，得加快腳步在天黑前翻過山。從某個意義來說，我對瓦瓦安達山的恐懼大於仙納度國家公園或大煙山國家公園，我第一次爬山遇到熊就是在這裡，但也是這個際遇促使我踏上阿帕拉契山徑。

去年（二〇二二）夏天，我獨自來到這條與阿帕拉契山徑共道的步道，遇到兩個揹著大背包的登山客。他們速度不慢，但我很少讓人走在前方，於是便較量似的加快腳步試圖甩開他們。踏上一片石頭海時，我瞄到奇怪的黑影，仔細一看，居然是坐著的黑熊，身旁還有兩隻小熊，我嚇了一大跳，後退了幾步。

牠們待著的地方似乎是必經之地，剛剛那兩個登山客其中一個追了上來，我說有熊，他望了一下說：「是耶！還有兩隻小熊。」他舉起登山杖互相擊打，製造噪音，同時喊著「Bear~Bear~」我跟著他一起喊，直到黑熊媽媽意識到有人才離開，兩頭小熊喜滋滋的跟著消失。

後來，我與那兩位登山客一起登上山頂的展望點，放眼所見的景色艷麗又寧靜，但他們沒停下來欣賞，反而頭也不回的往更深處去。

他們要去哪裡？難道遠方更美？

後來我認識阿帕拉契山徑的份量，才知道為什麼阿帕拉契山徑讓「通往天堂之梯」變得不凡，但我更想知道的是他們去了哪裡。今年，我變成了他們，「阿帕拉契山徑徒步者」，我正在尋找答案的路上。

在販賣部待得太久，起步晚了，我爬到石頭海路段時，黃昏之光已透進樹梢縫了。沿路還有幾組登山遊客，我刻意觀察他們的表情，大概有四組，都沒有露出恐慌的神色，我才放下心裡大石。

抵達山頂平台，眺望來時的牧場、鐵軌、濕地以及更遠的山脈。明明是同一條路，這次我花了兩個月才抵達，這份感慨充滿了一路以來的種種回憶。

我要繼續往前，去看那些徒步穿越者看到的風景。

在森林裡不知走了多久，天色漸漸昏暗。有條湍急的瀑布從壑谷間穿過，正當我準備通過木橋隨步道往上時，我看到熊，就在上方的步道。我在橋上不敢動，萬一必須跟熊「鬥智」，橋上是我生存機會最大的地方，在步道上我根本跑不贏熊。

我輕輕將背包甩到胸前，拿出背包裡的登山杖。天色快黑了，我急得想哭。我學起前輩製造噪音，但瀑布轟隆隆，熊根本沒注意到我，幸虧牠扭著笨重的屁股慢慢離開，消失在坡頂的樹林間。確定牠離開了，我趕緊爬上坡在步道上奔跑，不時還別過頭看牠有沒有追來。我突然想起背包裡還有兩顆甜甜圈，聽說熊的嗅覺極佳，連五英里外的食物都聞得到。這麼一想我開始狂奔，打算跑遠一點再吃掉甜甜圈，我捨不得丟，真是痛恨我這貪吃的毛病呀。

步道與地方道路相連，車來車往，熊應該不會追來了。步道出口的水窪裡，步道天使放了幾瓶拉格（Lager）啤酒。我是不是該拿起獎品，配著甜甜圈，慶幸熊口餘生呢？

（15／1365／2200英里）

阿帕拉契山徑徒步穿越 Day 63

今昔之我

昨天日落前抵達庇護所，營地有許多徒步者。雖然與熊遭遇餘悸猶存，到了營地便也輕鬆下來了。紮營前，有幾位徒步者過來打招呼，他們大多是從 Harpers Ferry 出發的分段徒步者，此時要遇到從喬治亞州出發的徒步者，可以說少之又少。

紐約市近郊的山區都是我的地盤，很少我沒踏足過的，我知道今天的路線不容易。醒來後，硬是咽了照燒雞肉飯與強棒拉麵，用飽足感來面對接下來的挑戰。

收拾營帳離開，沒多久就遇上被淹沒的步道，這比昨天跟 JellyBean 一起渡過的河還寬，河水流進一片湖泊，仔細一看，湖裡還立著樹幹，原來是一夜生成的堰塞湖。有些倒木能當便橋，不過有一半陷在急流裡，要是沒站穩，落水了就直接沖進溪裡，估計沒流到堰塞湖不會停下來。

猶豫了一會兒，昨晚一起在庇護所過夜的Inster從後方跟上。她年約六十，灰白短髮，俐落的變色鏡片，嘴角掛著滄桑的皺紋，卻沒有年老者的遲緩，看起來很幹練。

Inster看到急流，問我過不過得去。我說：「從溪邊繞到那座獨木橋，應該過得去，但不知道橋會不會又濕又滑，我試看看。」身為阿帕拉契山徑的資深前輩，可是有照顧新人的義務呀。我繞進樹林，踩著溼泥，踏著獨木橋慢慢往前，水流確實影響步伐，但靠著登山杖幫助穩定，要過河倒也不難。

Inster才從HarpersFreey出發往北沒多久，顯然是長年從事登山運動，即便是女性，在野外也沒有一絲怯懦。我等Inster通過，就跟她道別，加速往前。步道沿著稜線慢慢攀升，來到開闊平坦的岩石平台，山腳的綠木湖（Greenwood Lake）無法一眼望盡，我在巨岩跳上跳下一路往北，尋找大湖的盡頭。此時，地面的白色油漆路標告訴我已從紐澤西州進入紐約州了。

我遇到一名有著倔強臉廓的高大徒步者，他說他是從卡塔丁一路走來的南行者，來自捷克，今年只打算走到Harpers Ferry。我們小聊一會，他告訴我接下來的路很陡峭，我無奈的回答：「是的，我知道。」

去年，我為了測試自己是否具備在阿帕拉契山徑生存的能力，第一次揹上十七公斤大背包去探索，有太多想帶去野外的東西，卻忘記裝水，登山杖也落在家裡。當天天氣涼爽，森林鮮豔無比，萬萬沒料到步道令我深陷痛苦，完全沒心思賞景。背包太重，我在石頭海裡攀爬，膝蓋痛到寸步難行。我意識到還無法承受阿帕拉契山徑的艱難，卻仍倔強的費了八小時走十三英里。日落前，我抵達美麗的湖邊，正值秋季，湖畔點綴了豔麗的楓紅，如同夢幻仙境。

這是州立公園，告示牌寫著「禁止未經申請的紮營與營火煮食」。我實在太累，走不動了，卻又擔心被公園巡守員發現遭到驅離，不得不懷著忐忑不安的心情，在偏僻隱密的角落架起網路買到的二手自立式帳篷，並很快吃完晚餐。可能由於極度的疲憊與緊張，沒一會我就睡著了，半夜被一陣螢光喚醒，探頭張望，看見帳篷的影子被斜射的月光拉得很長。深林裡並非全然寧靜，沼澤裡的蛙鳴，不同方向偶爾響起的鳥啼，更令人驚奇的是遠方斷斷續續傳來嬰兒哭聲。我從細微的差異認出各種鳥禽的蹄鳴，大自然的神奇讓我著迷不已。一整夜，我不斷在睡與醒之間徘徊。

那次野營令我印象深刻，膝蓋休養了兩個禮拜，還罹患了傳說中的徒步者飢餓症，肚子像無底洞，老是填不飽，阿帕拉契山徑的艱難在全身上下刻下難忘的印記。

大概正是因為這些經驗，讓我能在這兩個月裡快速適應步道的種種挑戰，我想知道現在的我比起半年前進步了多少，事實上，今天走來依然非常痛苦。儘管里程多出一倍，我對當時揹著大背包徒手翻越嶙峋岩山的我，由衷感到敬佩，同樣的狀況丟給現在的我，可能做不到。

我不禁要對以前的我說：「你真的很棒。」

（27 / 1392 / 2200 英里）

阿帕拉契山徑徒步穿越 Day 64

短暫當回文明人

昨天我在高處的岩石平台紮營，庇護所則在下方。天剛破曉，我揉揉惺忪睡眼，撩一撩冰冷的頭髮，將火爐挪進帳篷煮熱可可，直到帳篷裡暖起來才爬出睡袋。

準備離去時，庇護所的鄰居似乎剛起床，戴著毛帽穿著羽絨外套的男子一邊燒水，一邊望著寧靜的森林發呆。終於，他發現我正在收拾帳篷，便遠遠揮手道早安。

跟著岩石上的白漆，我穿進茂密的樹林，踩著帶濕氣的落葉，卻遇到封路告示。原始的阿帕拉契山徑路線橫越紐約州公路，與快車爭道，我以前往返山區常見這樣的警示招牌：「注意徒步者穿越。阿帕拉契國家景觀步道管理處敬上。」我駕車經過多次，就不曾見過傳說中的徒步者，現在心中的謎團總算揭曉了。
我依照公園處的指示，穿越便橋前往熊山，豈知「畫風」丕變，悠閒的步道瞬間化成崎嶇險峻的惡石。經歷連續兩天岩瀑地形的摧殘，本就消耗過度的大腿尚未從疲勞恢復，突然又迎來爬牆般的艱難路段。
既然大腿沒氣力了，就用手來攀。我推著膝蓋將自己拉拔至高處，如果岩石太傾斜我就用手將自己往上拉，明明是艱難路段，周圍的松木與竹林卻優雅不凡，拉著人佇足觀看。
我倚坐在岩石上喘息，抬頭尋望往天空延伸的石道，忽然浮現熟悉的記憶。那是在維吉尼亞的龍牙（Dragon Tooth），同樣爬著向天的石道，當時我追隨的是深夜的月色，現在卻是通向紐約天空的層積雲。
這是我離家最近的時刻，家人要犒賞我一頓大餐，慶祝我完成了將近三分之二的阿帕拉契山徑，並且沒弄丟性命。
話說家人也不是一開始就百分百支持我去當一個徒步穿越者。去年獨自去大峽谷旅行，我認識了徒步這項戶外活動，回家後開始大量閱讀關於求生的知識，只要獲知新知識就興高采烈的跟家人分享。我的熱情總得到「這傢伙到底在興奮什麼」的反應，但無妨，我有堅定的決心明確的目標，即便孤獨，滿腔熱血也不會輕易被澆熄。

前老闆打算讓我升職，我拒絕了，還毅然決然辭職，踏上兩千兩百英里的徒步旅行。家人聽到我辭職，反應都很驚訝，但知道我要去徒步，反而能夠理解，並表示支持。

如果不曾表示堅定的決心與行動，如果不是無法阻攔，如果不是必須完成人生才不會有遺憾的事，那麼我不會得到家人與前老闆的祝福。

第一次遇到湯沃時，他問：「你家人贊成嗎？」

我說：「並不全然同意，但他們知道即便不同意，我還是會不計代價出發，所以只能支持。」

湯沃笑說：「那我們一樣。」

拖著極度疲憊痠痛的雙腿，我登上高處平台，映入眼簾的不僅是翠綠的森林海，遠方還有我的家，紐約市，全美最大的人口聚集地。

接著我翻越熊山，氣力放盡，疲憊走過動物園，這大概是整條阿帕拉契山徑最歡樂的一段了。這時我才理解為什麼叫熊山，原來動物園養了兩頭黑熊，專門服務那些在阿帕拉契山徑還沒見過熊的徒步者。

離開動物園，走上熊山橋（Bear Mountain Bridge），橋下有座蒙哥馬利堡戰役歷史博物館（Fort Montgomery Museum）。秋天時節，博物館旁的小徑好美，Amber 捧起紅褐色楓葉，撒向天空讓落葉將自己圍住，那是美麗的記憶。

美國宣布獨立隔年，引來英國進攻，爆發蒙哥馬利堡戰役，近兩百五十年前美軍以寡敵眾不幸落敗，失去了哈德遜河（Hudson River）上的碉堡。不過，堅毅的抵抗與犧牲為援軍爭取時間，很快的美軍奪回碉堡。那份堅定的決心無法被阻止，在其他國家幫助下，美國最終贏得八年抗戰，成功從當時最強盛的國家贏得獨立。

這天結束前，我累倒在眺望哈德遜河的觀景台，被家人接回紐約市，脫掉沾滿兩天辛酸的臭衣服，換上乾淨襯衫，從野蠻人當回文明人。

在高級的巴西窯烤餐廳，我遭到廚師端上桌的烤肉密集轟炸，不知是否看出我的饑餓與疲憊，廚師不停切肉入盤，菜上得比我們吃得還快，餐盤持續堆疊，直到全家人都翻紅牌投降。

走過步道，物慾似乎很容易就感到滿足，因此烤肉吃到飽有如置身天堂。認真說起來，步道上的每一餐都讓我覺得幸福，與城裡餐廳的美食同樣美味。

（21 / 1413 / 2200 英里）

阿帕拉契山徑徒步穿越 Day 65

重回「步道狀態」

凌晨五點，Amy 從皇后區送我回到紐約上州的步道，單趟車程大約一小時二十分鐘。

出發沒多久，來到 Appalachian Market，在 AT 徒步者間這是人氣相當高的便利店。我在店裡逗留了好一陣子，首先是紐約州「在步道上」的補給商店極少，第二是我還處於睡眠不足的狀態，身體還不願上路。

這週末家人會來康乃狄克州給我最後一次支援，我媽也會來步道跟我走上一段，然後一起住進 Bunk Room，體驗美國老人熱門的退休活動，分段完成 AT 這條夢想之路。

意外的是我發現預計入住的 Hostel 居然沒營業了，趕緊找備案，一切打點妥當我才上路。

上路前還在小便利店上了廁所。這間廁所也許有資格獲稱全 AT 最舒適豪華公廁，不但一人獨享過度寬敞的空間，乾淨，牆上還有電視播報新聞，頂級享受。

前幾天我走的大多都是經常出沒的單日徒步熱門景點，今天不一樣，穿越的全是無名小山丘，難度也不高，雖然出發略晚，還是順利完成低標二十五英里。

希望今晚睡飽些，明天用更好的狀態增加一些里程。晚安。

（26 / 1439 / 2200 英里）

阿帕拉契山徑徒步穿越 Day 66

繁星滿天

在圍繞著樹木的庇護所醒來，晴朗的早晨，鳥兒啼叫得特別有精神。步道跨過幾條溪流，我走上便橋，忍不住停下腳步，聆聽清脆的水流聲，這提神效果可不輸給咖啡因。

步道緩緩上下，是一種舒服的起伏。走出森林，跨過鐵軌，我看見有個小月台，站名就叫**Appalachian Trail**。說是小月台，其實更像是木板蓋成的寬五公尺左右的小棧台，裝飾性的扶手與階梯，一張小小的藍色板凳，以及一面標示「阿帕拉契山徑站」的告示板。真有火車會停這一站嗎？看來會的，根據離線地圖的指示，可以在此搭車前往紐約市，如果一時興起想看個百老匯劇或跟自由女神打招呼，理論上辦得到。這個小火車站更像迷你版公車站台，列車靠站百分之百依賴司機員的駕駛技術，稍有差池就錯過短短的月台，旅客不得其門而上。

從「阿帕拉契山徑站」再走一小段就是公路休息區，左右兩邊都有餐車，我選擇亞洲食物，跟老闆點了叉燒飯與餛飩拌麵。老闆一個人忙前忙後，上菜花了點時間。我在一旁的餐桌邊看邊想，老闆或許是個喜愛自由又有想法的人，拖著餐車營業，不用擔心昂貴的租金與裝修費，又能照顧過路客和我們這些阿帕拉契徒步者的肚腹，開店收攤隨心所欲，有天想出外旅行個一年，回到平常日子，這台餐車依然是生財工具，不會受到固定店面的束縛，好像也沒什麼不好。

又有客人上門，兩個亞洲面孔的中年人，他們點了菜，接著問我能否共桌。當然，我馬上讓出座位。他們來自印尼，在美國生活了二十五年，相當友善，不但跟我分享食物，對我正在進行的 Thru-Hiking 也很感興趣。我跟他們分享兩個月以來的見聞，聊得非常開心，還相約等我完成阿帕拉契山徑後一起爬山，讓我教他們怎麼在野外過夜。

飽餐一頓，揮別兩位印尼朋友，回到步道，迎面而來的是一座牧場，牛兒在吃草，草坡上有一具火箭外型的糧倉，獨特的景色讓我忍不住拿出手機拍照。此時身旁一位六十歲左右的高瘦徒步者快速靠近，步伐穩健，他說他叫 Copter。Copter 也從 Hapers Ferry 出發，他是個嚴肅剛烈的男人，我沒問他步道名的由來，可能我直接將他想成直升機駕駛員。他的表達方式相當直接，連連咒罵步道難走，看起來好像是我不擅長相處的人，何況我的午餐耽擱太久，天黑前得趕到肯特（Kent），就不多陪了，我加速離開。

大概走了十英里，森林中的空氣帶著滋潤的濕氣，步道變得涼爽。即將離開紐約州，進入康乃狄克州，今天的目的地是肯特，我以前來過，有許多河流和美麗的瀑布。

聽著河水的激盪聲往北走，步道變得柔軟有彈性，這是松針長久堆疊的成果，此地漸漸擺脫石頭海，呈現另一種步道風貌，大概可以稱為「樹根海」。這裡的土壤是帶有腐植質的黑土，鬆軟而富含有機質，樹根是讓周邊地質穩定的基礎，若樹根裸露，步道走起來依然崎嶇，卻沒聽過徒步者咒罵樹根，比起尖銳粗糙的「石頭海」，樹根圓融有彈性，溫和多了。

步道順著激流而行，來到有一百八十年歷史的木造橋廊「Bulls Bridge」前，流水散落成小瀑布。我穿越橋廊到公路旁的雜貨店買些零食，在戶外野餐區享用，不久 Copter 也從步道走了出來。他剛剛抱怨這一帶的 Hostel 很少，我靈機一動問他要不要跟我分享 Bunk Room，我訂了整個房間，還有剩餘的床位，旅館附早餐，夜裡可以在戶外邊泡按摩浴缸邊看星空。

他似乎有興趣，但一聽還得走三十英里，搖搖頭說：「我沒辦法走那麼遠，我要找附近的營地休息。」我表示可惜，只好跟 Copter 道別往肯特鎮走去，繼續完成接著的八英里。

天空飄起小雨。這段步道我已三度造訪，每次都在雨中漫步，真是非常「友善」，難道得來第四次，才願意讓我一窺你晴朗時的姿態嗎？但我已習慣你雨天的模樣，如果再來，還是希望有雨。

抵達肯特，天色漸暗。不知是否鬼迷心竅，我淋了雨，稍微失溫，好想找餐廳吃頓熱飯。我從步道踏上公路，在昏黃的天空下走過農園、學校、修車廠、鐵軌，前往市區找食物。

揹著背包，我不太好意思走進太高級的餐廳，直晃到鎮郊一家中式餐廳，點了紅燒豆腐飯和酸辣湯，小餐廳裡暖烘烘，吃完後腦袋漲得發昏。走出店門，一股冷空氣壓降而下，思緒恢復清晰。天色已黑，星辰高掛，雖然得摸黑返回步道找營地，熟悉的城鎮卻讓我沒有急促感，反而像從廚房逛回臥房那般自在。

我走進山谷草地，選了一塊臨溪的空地，在清脆的流水聲與蛙鳴聲中搭了帳篷，躺上睡墊，腦海思緒飛舞：「如果步道上都是我這種貪吃鬼，老闆的小吃生意可不寂寞呀，如果我也能每天下廚作料理給這些徒步冒險家吃，該有多開心。如果在遼闊空無一人的冰川旁開店，那可是獨門生意，人人非吃不可。哈哈哈……」

腦子快停止運轉了，我想掀開帳篷看一眼星空，但不確定是否真的這麼做了還是在夢裡，只知滿天繁星告訴我，明天一定有個晴朗的好天氣。

（32 / 1471 / 2200 英里）

阿帕拉契山徑徒步穿越 Day 67

趕赴最後一次支援

水聲似遠似近，在耳邊流了一整夜，醒前朦朧之際以為泡在水裡了。

我開火燒水，試著藉此驅趕夢裡的寒意，一邊等，一邊擔心早起路過的徒步者，畢竟夜裡看不那麼清楚，帳篷一定佔據了部份步道。不知我這「路霸」當得稱不稱職，於是走出帳篷察看，順便找個好地方解放尿意。

我越過石籠便橋，走近半人高的草叢。早晨冷冽的空氣似乎將聲音凝滯了，白雲沈積在寧靜的草原上，彷彿畫作般靜止不動，但下一秒就消散了。我捨不得離開眼前的美景，但寒意逼人，實在難以忍受。

耽擱夠久了，得盡快出發。我將開水倒進奶油風味的蘑菇雞肉乾燥飯，這款乾燥飯等上二十分鐘還不一定泡透，淋了沸水的乾燥飯揣在懷裡取暖不急著吃（這是我開發的求生招式之一），另一份熱水泡熱可可亞喝掉。

拔營離開，循步道走進山林。聽說附近的寄宿高中常以這條步道來訓練學生的體能，隨著山勢攀升，呼吸漸漸急促，不一會兒已踏上這段山脈的頂點。

接著是北去的平緩步道，我俯瞰沈積在山谷裡的雲河，城鎮淹沒在雲河裡，如夢似幻。既然又要被景色耽擱了，正好將懷裡的奶油蘑菇雞肉飯掏出來嗑，溫熱的早餐搭配仙境般的景色，我都羨慕起自己的好運了。這美妙的時刻在阿帕拉契山徑上能排上第幾名呢？這是個適合在徒步時用來消磨時間的大哉問。

上午我有二十二英里的進度壓力，今天是家人能給我的最後一趟支援。我算著若要準時出現，有點挑戰性，於是連跑帶追開啟趕路模式，以消耗大部分里程。

在樹林中放開步伐，終於在預定時間步出登山口，不，提早抵達了。我找到一處偏僻的加油站，買了冷飲在加油站外鮮豔的楓樹下歇息。

這座加油站被山谷緊緊擁著，頗有壓迫感，卻不令人討厭，反而像是呼出一口穢氣般的清新。望著藍空、綠山、楓紅，我不禁感嘆，即便是美景，即便是渡假，放不下俗世煩惱，就不算享受吧。

熟悉的車影從遠方駛近，Amber 跳下車給我一個擁抱，就跑去草皮上追逐蝴蝶了。我媽準備了家常料理讓我當午餐。妻子說：「是你說可能會遲到，不一定能趕上約定的時間，讓我們慢慢來，所以我們去瀑布公園玩了。」

我很開心大家都享受到今晨的美好。母親年輕時運動神經很好，我出生後幾乎每個週末都帶我去爬山，讓自然深深刻在我內心，算是讓我愛上徒步的啟蒙者。

看到步道上那麼多退休老者，我告訴母親一定要來體驗這「時髦」的退休生活，抵達民宿之前，我讓母親陪我走一段，感受阿帕拉契的魅力。Amber 也想一起走，但我擔心帶著她時間會變得很緊迫，所以將她勸退。

揮別 Amber，走上步道，不到十分鐘就得涉水，不深，就是水流有些強勁。母親面對突如其來的震撼教育有些不知所措，折騰了至少二十分鐘才過溪，如果是 Amber，說不定她會興高采烈玩水玩個不停呢。

我們繼續往民宿前進，沿途遇到體驗戶外野營的師生。美國人讓小孩親近自然，是更完整的品格教育，我小時候沒有這樣有規劃的學習山林知識。

我與妻子女兒分頭並進，短短十五分鐘車程她們就抵達民宿了，大約中午十二點，民宿得到下午三點才接待住客，但年約五十的女主人泰瑞（Terry）為人隨性豪邁，還不到時間，仍親切的接待他們兩人。

屋內兩隻肥貓讓 Amber 愛不釋手，不停的抱來挪去，假蛇玩具則完全滿足了她惡作劇的癮頭。Amber 最喜歡布置假蛇陷阱，看到人或貓驚嚇的表情，就呵呵笑個不停。

響亮的引擎聲呼嘯而過。原來此地名為 Lime Rock，是雲斯頓賽車（NASCAR）比賽場地，每年一到賽季選手與觀眾紛紛到來，Terry 就要接待賽車手。她在父親的薰陶下對賽車熱愛有加，除了室內裝潢是賽車主題，還擁有一輛賽車。

Amber 問了聲音從何而來，不但得知緣由，還獲得近距離觀看賽車練習的機會。此刻接近聯賽賽季，不少車手在賽車場練習，Terry 以前在場內工作，所以能自由探訪。她開著高爾夫球車，載著 Amber 與妻子開進賽車場。

在高爾夫球車上，近距離看藍寶堅尼在眼前飛馳而去，大概是花錢也買不到的經驗吧。Terry 還讓 Amber 試駕高爾夫球車，在草原上大踩油門，享受賽車的刺激感，看得出來，他們處得很融洽。

Amber 來登山口接我們，直接去超市採買晚餐食材，抵達民宿後趕緊洗澡洗衣服，隨即準備晚餐，烤牛排、煮濃湯、煮燉飯。有個賽車手住在民宿後院的休旅車，留著一頭金色捲髮，拎著一打調味酒加入我們的晚餐。邊吃邊聊之中，我深深感受到他跟 Terry 對賽車的熱愛，一講到賽車，他們便兩眼發光。

那名賽車手說，他不斷爭取替車隊老闆試車，住在 Terry 的後院打工換宿，期望有一天能得到成為賽車手的機會。Terry 說從小父親就與她分享他熱愛的事物，就像她下午對 Amber 做的一樣，讓她對賽車充滿熱愛，一輩子不變。

天色漸漸昏暗，我們泡在森林旁的按摩浴缸，看著星空放鬆身體。今日接觸的是阿帕拉契山徑上很獨特的體驗，大大拓展了視野。

泡在溫熱的蒸氣裡，我不禁思索 Terry 的話，如同我媽帶我進入山林世界，我也將帶著

Amber見識壯麗的山川，經歷漫長而豐富的徒步旅程，希望她也將這份熱愛傳下去。

（26 / 1497 / 2200 英里）

阿帕拉契山徑徒步穿越 Day 68-69

揮別「小野蠻人」

從賽車印花的棉被裡醒來，太舒適了，我差點以為睡在家裡。我媽比我早起，到森林邊散步了一圈。Amber 還在賴床，昨晚的花粉症讓她眼淚直流，折騰了一晚好不容易才入睡。

我走進廚房準備早餐，烤了焙果搭配當地自製的青蔥鮭魚 Cream Cheese，再用冰箱裡的奶油跟幾顆生蛋和在一塊，用溫火不停攪拌，最後把冰箱裡找得到的 Cheese 絲都加進去，做出濃稠的炒蛋。我們家的料理完全以 Amber 為準，她不愛吃，煮什麼山珍海味都沒用。

我泡了杯黑咖啡，在客廳觀賞 Terry 的櫥櫃擺設。Terry 說她以前是小學校長，有一個女兒，似乎很有主見，離開家鄉去異地發展。櫥櫃展示的是 Terry 人生的縮影：賽車、女兒、教職生涯。

她的女兒沒有繼承母親對賽車的熱情。昨天晚餐時，Terry 問 Amber：「以後妳要當賽車手嗎？」我當成玩笑話，回想起來卻有種感覺，或許她一直期待聽見：「我願意，我願意當賽車手。」

離開民宿時，Terry 外出，賽車手在門口與我們道別。我與他握手道別：「希望有一天在電視看到你比賽的身影。」他笑得像小孩一樣天真單純，眼裡泛光。

Amber 說過想要一起走阿帕拉契山徑，當然我也想。我要仔細安排，如果成真，要讓 Amber 開心的走。AT 有些路段真的會讓人嚇到，我媽走過一小段，飽受驚嚇，但昨天包含涉水路段在內，絕對是簡單等級，卻不乏驚險，這就是為什麼昨天我不肯帶 Amber 同行的原因。

今天的路況算平坦，沒有艱難的爬坡，沒有崎嶇的路面。走在步道上，沿河欣賞田園與城鎮風光，漫步在森林裡，今天的終點是瀑布。完美。我沒想到還能更完美，Amber 在媽媽與奶奶陪伴下，探索爸爸走的新奇路線，整路興高采烈，漫步在厚實的松針林道，在潮濕又清新的空氣中，逆尋湍急溪流的源頭。

有一對遛狗的夫妻主動提議要幫我們一家人拍照，拍完又說：「要不要跟我的狗一起拍照？」哈哈，太妙了，好啊，求之不得。

Amber 一路玩遊戲，當火車導遊、數學遊戲、牽手空翻、服裝設計……每經過一處水窪就用手沾窪裡的水抹抹自己的肚皮。我永遠猜不透她的古靈精怪，真是太有趣了。再這麼下去，我就要把 Amber 帶上步道一起走了。

終點是一座大瀑布，站在瀑布頂端，望著怒吼的激流，湧向來時路，令人心曠神怡啊。

我們來到鎮上吃披薩。在餐廳裡我幫 Amber 取了一個步道名「小野蠻人」，還問：「以後可以帶我去走大陸分水嶺步道（Continental Divide Trail）嗎？」

女兒捧著臉，張大著嘴說：「什麼？」太好了，Amber 沒有說不要，我就當她答應了。

度過兩天歡樂時光，在太陽最炎熱的時刻，家人將我載到步道入口，我跟 Amber 揮手揮了好久，目送她們離開。接下來不再有家人的支援了，我有點感傷，但沒時間難過，目標只有一個：追上湯沃。

我查看 IG 動態，湯沃更新了，說終於在 AT 有了「第一次」全休日（我都已經五次了，如果扣除全休日，我說不定倒贏呢），在此之前，他還用疲憊的雙腿犧牲睡眠去幫忙警方搜尋失蹤山友，幸好尋獲，要是沒找到我也不敢幸災樂禍的說：「這可是難得的好機會。」今天剩餘的時間我決定徹夜徒步，直到走不動為止，套一句自行車運動術語，我要趁勢發起一波「攻擊」。

我戴起耳機聽廣播，盡可能讓自己沈浸在別人的對話，不看周圍只專注在步道，不知不覺中我又使用了「斷片走法」。天色近暗時，我走在郊外車道上，想繞去雜貨鋪吃點食物，不料後方一輛警車駛近將我攔下。那是一個身材壯碩的中年女警，她問：「這麼晚了，你要去哪裡啊？」

我根本不知道我能走到哪，但還是講了一個地名，那比較像是我的方向。女警聽了很驚訝，拿出手機查了距離說：「那有十五英里遠耶，已經天黑了，你要走過去？」

我點點頭說：「是啊，別擔心，我會在步道上紮營，不會隨便在路邊紮營。」

女警說：「那不是我擔心的。你需要我載你過去嗎？」

我搖搖頭說：「不行，那我就是在作弊了。」

女警大笑：「哈哈，作弊？好吧，那要注意安全。」

我說：「好的，謝謝。」

老實說，我害怕走夜路，那是一種迷幻經驗，意識模糊，無視對野生動物的恐懼，那是無限制的自由，忽略對危險的警覺就是最危險的。

不知走了多久，下起雨來，不得不紮營。已經凌晨一點多，步道上找不到平地，雨勢越來越大。我摸黑離開步道，走進樹林更深處尋找能紮營的地方。這個決定讓我更害怕，步道畢竟是人類經常活動的場所，一旦離開等於真正進入野外，無法預料會遇到什麼，就算我消失了可能也不會被發現。

選好營地，速速紮營，趕緊鑽進帳篷，來個充耳不聞，眼不見為淨，免得壞念頭讓我更害怕。我打算幫頭燈充電，卻找不到充電線。頭燈不亮，就走不了夜路，這會嚴重影響進度。我的頭燈不是常見款式，明天我必須繞到鎮上的電器用品專賣店才買得到充電線，這勢必讓我的「攻擊」變得更艱難。

真不是鬧著玩的，上一秒慵懶下一秒精實，與 Amber 相處的快樂時光，好像是很久以前的事了。

（73 / 1570 / 2200 英里）

Day 70~79 相約在 Thistle Hill

凌晨四點半醒來，發現身旁已不是空位。我對著睡袋問：

「是 Townward 嗎？」

「嗯。」

阿帕拉契山徑徒步穿越 Day 70

不能再自己封閉自己

寧靜的中午，我登上麻州最高峰 Mt. Gerylock，峰頂是一片視野開闊的平台，平台上佇立著氣勢磅礡的退伍軍人紀念塔，孤塔靜靜俯瞰著麻州的平原與綿延的連峰。

我讓自己融入這份寧靜之中，坐在紀念塔前的階梯，從背包拿出行動糧，望著優美的景色吃著簡便午餐。

從前天起，我就沈浸在追逐湯沃的執念，感官能力彷彿都縮限於有限的視野，紀念塔背後寬廣的蔚藍天空將我從小世界喚醒。我打算在山頂上多待一會兒。

跟湯沃只剩一天差距，我會始終如一盡力追逐，不留遺憾，但如果再次拉開距離，我會放下執念，放慢腳步，享受在步道上最後的時光。

漢諾威市是進入白山前最後的大城鎮，尚有一百六十英里，趁著這波穩定的晴天，預計五天追上湯沃。在紀念塔旁，我給自己定了停損點。

山下是寧靜的城鎮，被兩排翠綠的山巒環抱著，人行道旁的白色櫻花樹在黃昏的光線下盛綻，或許路上那些微小又不經意的景色才是阿帕拉契山徑的本體。

將近天黑，我進入一處亂石嶙峋的營地，營地上設有木棧板供人紮營，我用的是非自立式帳篷，木棧板對我沒幫助，我得進入林中更深處尋找營地。

這時一個在露營區的大哥走近說：「嘿，這不是我丟的喔。」

我不知道他為什麼這麼說。順著他手指的方向看去，原來木棧板下塞了防水布與鍋具，顯然這位大哥以為我覺得有人佔用營位而離開。我說：「不是，我的帳篷靠登山杖支撐，在木棧板上搭不起來。」

安頓好了，進了帳篷，總覺稍早與那位大哥說話時顯得很生澀，後來明白怎麼回事，原來整天沒跟人說話，一時間不太習慣。我真是不能再將自己封閉起來，尤其是接下來的旅程。

麻州與佛蒙特州界離我紮營處不遠，算起來穿越麻州僅花兩天。即將完成十一個州，離阿帕拉契山徑終點，剩下最後三個州。

（32 / 1602 / 2200 英里）

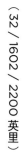

阿帕拉契山徑徒步穿越 Day 71-72

北國近了

這大概是我在阿帕拉契山徑聽過最熱鬧的鳥叫聲了，離啄木鳥也是最近的一次，不停發出「兜兜～兜兜兜」，想賴床都不行。

收拾拔營，不到幾分鐘就抵達麻州邊界進入佛蒙特州。我查看湯沃的最新動態，他膝蓋受傷流血提早進入曼徹斯特休息。

本來我打算明天去曼徹斯特補給，算是半休日，充電、洗衣服，規劃的里程也不多，今天我可以趕路，兩天併作一天，這樣我與湯沃的距離可以再拉近。

幸好這段路不太陡，沿路也不想開火浪費時間，天黑前我找了一處偏僻的汽車旅館，打電話叫 Pizza，然後沖了爽快的熱水澡，完成任務，心滿意足，很快便昏睡過去。

隔天回到步道口，終於見到傳說中的長步道（Long Trail）與AT重疊的路段。北美三大長距離步道分別為：AT（阿帕拉契山徑）、PCT（太平洋屋脊步道）、CDT（大陸分水嶺步道），另外還有三小長距離步道，也就是Long Trail（長步道）、CT（科羅拉多步道）以及所有Thru-Hiker的夢幻步道JMT（約翰・謬爾步道）。三小步道與三大步道各自重疊幾百英里，如長步道就與阿帕拉契山徑交疊一路通往加拿大。

此地的步道開在一片草皮斜坡，不停往上攀升，又陡又斜，跟之前的步道完全不同，抬頭仰望，步道盡頭是濃密的白雲。終於爬上山頂，山頂有一座纜車機台，原來這是一座滑雪場，一到冬季大概是熱門的滑雪勝地，但阿帕拉契山徑呢？那時會封閉嗎？還是一邊有遊客滑雪一邊有徒步者沿雪徑攀爬呢？我在纜車機台居高臨下，從軌道探出頭觀望，看到遠方積雪的山巒，看來北國已近。

接下來的步道多數是高大樹木與木板架成的木棧道，這一片荒野布滿苔原，若無木棧道將寸步難行。現在應該是入夏時節，步道旁偶爾還會感到一股冷流，意味著附近仍殘留積雪，惱人的是蚊蠅也開始滋生了，在腦邊圍繞不去。

我帶著些微煩躁抵達溪邊的庇護所，上次住庇護所是什麼時候已記不起來了。庇護所小巧精緻，聽著流水，享受不輸大飯店，煮泡麵當晚餐，天色隨即黯淡，氣溫轉冷，我早早躲進睡袋，準備入睡。

明天有三十英里要走，令人欣慰的是地圖顯示途中有間餐廳，我一定要在那裡大吃一頓，節省存糧與瓦斯，然後直奔下個據點：漢諾威。

（73 / 1675 / 2200 英里）

阿帕拉契山徑徒步穿越 Day 73

此去再無歸路

半夜，朦朦朧朧覺得庇護所外有聲響。是熊嗎？我實在太想睡，懶得在冰冷的清晨去查證，就算確認了又能做什麼？腦袋轉了兩秒，把頭藏進睡袋，繼續睡。

清晨五點醒來，昏黑中泡了杯熱可可，趕緊離開這危險之地。天色漸亮，溫暖再次回歸大地。途中遇上一潭湖水，水面寧靜得像鏡子，山巒與藍天的倒影鋪在湖面上，眼裡只剩藍與綠。

在綿延的綠色長廊走著，突然遇見石堆陣。石堆製作簡易方便，即便遇上下雪也能發揮一定的辨識效果，常被徒步者用來當成路標。眼前的石堆陣更像裝置藝術，占滿一整塊地，遠遠超過指標功能。我相信這絕非出自一個人，更可能是出於默契而生的集體創作，歷經數十年由無數徒步者累積而成。

如果我疊了一座小石堆，也可能流傳到下個世紀。我沒有那麼做，我想撿施普林格山的石頭來疊，假如有下次的話。

即將抵達山谷的公路，沿著公路走，路旁有間雜貨鋪，徒步者說他們的潛艇堡美味無比。我抱著期待興奮的心情加快腳步，不料步道上有許多垃圾，洋娃娃、小孩衣物、滑雪板、沐浴乳空罐……之類，很像某一戶人家爭吵時丟出的雜物。這裡可是深山，誰會費那麼大勁把東西拎上來？難道爭執的原因跟阿帕拉契山徑有關？

跨過吊橋抵達山谷另一端，沿著漫長的灰色公路去雜貨鋪。遠遠的，有個穿紅色洋裝的人迎面走來，這畫面有強烈的衝突感。那人接近，我才看清楚是個男人，滿臉都是滲血的狼瘡，頭髮剃得相當凌亂幾近光頭，表情陰沉。由於步道上那一批帶有惡意的家庭垃圾，我猜或許也有人對徒步者不太友善。我避免與他眼神接觸，毫無交集的擦肩而過。

二十分鐘後我來到雜貨鋪，貪心的點了兩個潛艇堡，份量超巨，吃不完，只能將剩下的連同大包洋芋片都裝進背包。

我打算在天黑前推進三十英里，住進四千英尺的基靈頓峰（Killington Peak）庇護所，但午後艷陽讓那座山峰看起來無比遙遠，昨天湯沃的動態也告訴我一個壞消息——山頂積雪，看來困難重重。

明明太陽高照，步道上的積雪卻仍令人感到寒冷。雪中步伐變慢，松林茂密，不到七點森林就變得昏暗陰森。積雪埋沒路徑，錯綜複雜的樹枝也常遮掩白色油漆標誌，這座黑森林就像深淵，一個不經意的失誤就足以將我拖進無盡的黑暗，像許多臨死絕望的徒步者那樣，只能等待死亡。

好幾次我踩進雪融而成的水窪，路彷彿永遠走不完，將近崩潰。我像是尋找一絲溫暖，傳訊息給湯沃：「這就是你經歷的積雪嗎？」

湯沃很快回覆：「那些雪沒什麼好擔心的，無論積雪或淤泥，你都能通過。我今天在拉特蘭市（Rutland）休息。」

咦，拉特蘭市（Rutland）不是在基爾頓峰山腳？所以……只要能下山，我就超越湯沃了。本來預定走三十英里，馬上追加到四十英里，內心熱火噴發，意志無比堅定。我經過原本要過夜的庇護所，那裡陰森無比，門口的樹幹釘了一塊從未見過的標示：

THE MOUNTAINS WILL BE JUST AS COLD AND LONELY, TONIGHT AS THEY WERE 200 YEARS AGO. POINT OF NO RETURN.（群山寒冷孤寂，今晚一如兩百年前。此去再無歸路。）

這就是我兩小時前的心情寫照。湯沃的一番話令我的雙腿充滿腎上腺素，從半夜的深山往山下狂奔。

做到了，我做到了！凌晨一點，我成功抵達平地，正式超越湯沃。皇天不負苦心人，但皇天真夠狠，看我今天還不夠落魄，居然下起滂沱大雨，哈哈，我像遊魂，半夜還在山裡遊蕩。

走進森林遊憩區，此地紮營似乎要登記。我隨意找了一塊野餐草坪，在雨中架起帳篷，內心火燙無比，肉體卻飢寒交迫。我突然想起，稍早滿心絕望的我給現在的我準備了一份禮物：美味的牛肉潛艇堡。

一邊啃食「禮物」，內心激盪不已，歷經六十天、一五七二英里追逐，終於追上湯沃，跟著他似乎比完成阿帕拉契山徑更困難，或許我跳進另一個更令人痛苦的火坑。

太累了，腦子無法再轉，只能沈沈睡去。

（37 / 1712 / 2200 英里）

阿帕拉契山徑徒步穿越 Day 74

父與子

清晨五點左右醒來，無法再睡，寫完每天例行的徒步筆記，喝了熱可可亞就上路了。踏進松針林道，沿著潺潺小溪來到大湖，湖邊有一座向湖心延伸的木造碼頭，我坐在碼頭邊的渡假椅，看著晴朗無雲的藍空。風很大，湖面被颳得搖曳擺盪，昨晚的雨雲大概都讓風吹散了。今天會有個好天氣。

湯沃傳來訊息，「如果順利的話」，他會找到接駁巴士，從市區回到步道。我早就聽湯沃說過，他在搭便車這件事上極其不走運，幾次耽擱都是因為沒有載他回步道的便車。我想他是要告訴我：別等他。湯沃誤會了，我追了兩個月，唯恐他一溜煙又絕塵而去，怎麼可能冒著風險慢下腳步呢？

我們約在三十英里後的 Thistle Hill 庇護所碰面，那是進入新罕布夏州（New Hampshire）前最後一座庇護所，沿路我一直想著他會追上來，不時往後張望。

半路上有間農場商店，木屋外觀厚實，老闆正在給後院的農作物澆肥，遠遠見我走來，放下工具脫下手套要來招呼。我揀了些飲料、自製的瑪芬蛋糕與餅乾，走到戶外餐桌野餐。

高掛的太陽很催眠，不一會我就被曬得昏昏沈沈，趴倒餐桌了。不知睡了多久，在驚嚇中醒來，這可不是睡覺的時候呀，拎起背包繼續趕路。在一片往上爬升的樹林中，一個背著大背包的西班牙裔年輕人迎面走了下來，後面還跟了一個長者，看來超過八十歲。他見了我便沙啞又口齒不清的說：「你好，我的步道名是×××（沒聽清楚），你是要去緬因州嗎？」

我說是。老者說：「我來步道兩天了，你是我遇到的第一位阿帕拉契山徑徒步者。下個月我有個手術，手術前我想來步道走走。我兒子（手指前方）在外州讀書，學校放假，堅持陪我一起爬。」

老者講話時，鼻液慢慢流下，看來身體都自律不了了，還堅持來爬山，言語中也對這位絕對不可能是他親生兒子的年輕人極其自豪。

我說：「能夠跟家人一起爬山，是很寶貴的回憶。之後的山上有積雪，要注意安全喔。」

道別老者與年輕人之後，感覺他們彼此一定有很多故事，但短暫錯身又怎能開口探問呢？老者不禁讓我聯想到未來的自己跟女兒，只是她還願不願意陪我爬山就不知道了。

即將日落，我抵達與湯沃約定的庇護所，他尚未抵達，看來他沒在我睡夢中超越我，大概跟往常一樣又沒攔到便車。庇護所有兩名女性住客，她們見到我就先說對不起，因為她們把帳篷架在室內。我說沒關係，但可能要麻煩她們往左移一點，還有一位朋友要來。她們很誠懇的說：「當然。」

湯沃傳來訊息：「我大概晚上九點才能到庇護所，你到了嗎？」我能想像他正抓著樹幹往上攀爬的模樣，回說：「我已經在庇護所準備入睡了，從水源取了兩瓶水，一瓶給你。」隨後我就被強烈的睡意淹沒了。

（25／1737／2200英里）

阿帕拉契山徑徒步穿越Day 75

是湯沃嗎？

凌晨四點半，兩位登山客準備離去，她們刻意輕聲動作，我還是醒來了。我發現身旁已不是空位，便對著睡袋問：「是湯沃嗎？」

他咕噥了一聲：「嗯。」

我和湯沃的緣分蠻有趣，相處時間不長，第一次在大煙山下山路段，第二次在 Hostel 一個晚上，總是相鄰而睡，而且睡時比醒時久。

庇護所坐落在茂密的樹林裡，日光斜射樹梢，天地漸漸變得有色澤了，我們穿出樹林，眼前景象豔麗，令人無比驚喜。

青色草原與天空的紫霞，聯手包覆溫潤的光芒，日頭還在地平線，天地染上漸層的鮮豔色彩，近乎魔幻，美得讓人想落淚。

如果我是電影導演，兩個視死如歸的戰士即將奔赴戰場，他們眼裡的風景應該就是如此吧。

跟著白漆記號，步道在丘陵上起伏，我們來到休息處，坐在椅上欣賞升起的太陽。

湯沃問：「你在賓州的大雨中沮喪的說，三天的差距讓你想放棄追趕，怎麼兩個禮拜就追上來了，你怎麼能那麼快？我們可是差了一百英里耶。」

我說：「每次看到你在ＩＧ說肌肉疼痛或搜尋失聯山友而耽擱進度時，我就會發動徹夜徒步的『攻擊』，基本上我這段時間都沒什麼睡，就是要在漢諾威之前追到你。」

湯沃大笑：「你真的是野蠻人耶！」

往漢諾威的步道漸趨緩和，我們邊走邊聊。湯沃再次說起我拍的照片太棒了，通常這種稱讚我都覺得言過其實，盡快轉移話題，但這次躲不掉了。

我解釋說：「踏上阿帕拉契山徑前，我買了單眼相機，學習山景怎麼拍更美，後來我捨棄笨重的相機，改用手機拍攝並存成ＲＡＷ檔，這讓我能更真實的還原美景。」

湯沃說：「真羨慕，我拍的照片很糟糕（對，真的很弱），但我很喜歡藝術，我甚至讀了紐

約的藝術大學，不過只讀一年就被當掉了。」（我心想到底要多糟糕才會被當掉）

湯沃接著說：「我不想付學費，於是去當兵（美國軍隊會為入伍的士兵付大學學費）。我去了阿富汗，大家都很怕我，因為我是狙擊手。」

我說：「對耶，你現在的模樣就像電影《美國狙擊手（American Sniper）》裡的 Bradley Cooper。」

湯沃說：「喔，不，真實世界的狙擊手壯多了，出身海豹特種部隊。你以為當狙擊手很有趣嗎？一點也不，每天天沒亮就出發，躲在遠處觀察敵營，看一整天，直到收到指令說可以回去了就回去。日復一日，很乏味的。」

我不知道當兵前的湯沃什麼模樣，但他一直給我很堅毅的形象，或許軍旅生涯影響了他，畢竟人的身上都有過去的影子。

我們跨過萊德亞德自由橋（Ledyard Free Bridge），湯沃拿起手機拍照，指了橋上的標示給我看，原來這裡就是州界，我們進入新罕布夏州（New Hampshire）了。

漢諾威是個大學城，有一間建校兩百五十年的長春藤大學，達特茅斯學院，一共出過三位諾貝爾獎得主。達特茅斯學院與阿帕拉契山徑關係密切，校友成立山林俱樂部，維護與管理阿帕拉契山徑在白山上的木屋庇護所。

對徒步者來說，白山的崎嶇惡名昭彰，之前遇到的老徒步者賽文歐就說白山是阿帕拉契山徑第二艱難的路段，因此達特茅斯學院俱樂部可說是徒步者的義務守護者。

一進市區，我與湯沃就食指大動，到處尋找美食。可惜時間還早，只有少數幾家餐廳營業，我們停在一家生意火紅的咖啡店外，我坐著滑手機找餐廳，湯沃則與戶外用餐區的大學生攀談起來。

突然湯沃興高采烈的說：「SAVAGE，這位先生說要請我們吃早餐。」

我疑惑說：「蛤，為什麼？」

我們加入早餐店的排隊行列，湯沃說：「他是 SAVAGE，他只用兩個禮拜就拉近了一百英里的距離。」

我馬上抱怨：「喂！你怎麼沒說我苦苦追了你兩個月。謝謝你請我們吃早餐，但是為什麼？」

大學生說：「我曾經在步道上受到不可思議的幫助，你們是我遇到的第一組徒步穿越者，請讓我盡一份心意。」

我與湯沃點完餐，大學生刷卡幫我們付了帳。他回去戶外用餐區後，湯沃湊近說：「我聽說過這種事，倒是第一次遇到。」

湯沃真的是客氣了。在今年的阿帕拉契臉書群組，我看到接駁車司機發的動態，他說一個叫湯沃的人，留了一筆車費給司機，讓他免費載下一位徒步者進城。

這種傳承善意的舉動一直都在，只是湯沃特別不走運。這麼一想，我在富蘭克林還未舉手攔車，就有一名接駁車司機免費載我入城，難道我也是間接得到別人的善意嗎？

這種傳遞善意的表現已經成為步道上的默契了。

吃完早餐，在沒有太多選擇的情況下，我們吃了一家西藏餐廳，各點了兩份套餐、還分享了西藏的饃饃（Momo）。

吃飽之後，湯沃說：「其實我沒辦法完成阿帕拉契山徑，我必須準時出現在太平洋屋脊步道，不然會被取消資格。再過四天我就得離開阿帕拉契山徑，直到七月中再回來完成剩下的路段，不過離開前，我想完成白山路段，而且是40+40+40+16。你要一起來嗎？」

我說：「當然。」

想不到，好不容易追上了，卻只剩最後四天可相處。但是，都中午了還耗在城裡，真的走得完四十英里嗎？

離開餐廳，我們在路上的大型超市補給，然後沿著劃在電線桿上的白色油漆，從操場小徑往山上走去，步道入口不起眼，連結的是綿延的山林與山崖上壯闊的美景。

我一直在前方領路，不知道何時竟看不到湯沃的身影，我們約定好在庇護所下榻，所以我也不太擔心。翻過一山又一山，眼前是最後一座，庇護所就在山頂。天色近暗，我有兩條路，一條是高低起伏的阿帕拉契正規步道，另一條是官方認證的捷徑。

我實在太想早點抵達庇護所，因此選了捷徑。我猜這條捷徑是消防用車道，因為是捷徑，一定沒有主要步道維護得好，可能倒木擋路，路基坍塌，野生動物也可能比較多。實際情況跟我猜的差不多，而且非常漫長，懷著恐懼連續爬了四小時才到山頂。

庇護所藏身在樹叢裡，我差點沒找到。這間庇護所跟基靈頓山庇護所一樣，窗戶卻被封得死死的，整間房子看起來陰森森。湯沃說，這種庇護所叫做 Hut，大門也是特殊設計，讓野生物（主要是熊）無法推門進去。

我鋪好床墊躲進睡袋，紀錄今日所見所聞，一邊等湯沃，等得越久越擔心，凌晨一點多終於看到晃動的頭燈亮光，湯沃像坦克一樣，不屈不饒完成四十英里。

約好清晨四點半起床，最近都是三、四十英里的節奏，每天只能睡上三小時左右，身心瀕臨極限。

無論如何，第一個四十英里到手了。

（38 / 1775 / 2200 英里）

阿帕拉契山徑徒步穿越 Day 76

進不了門的旅店

事情永遠跟想像的不一樣，你以為糟糕的時候，其實還可以更糟，或是反轉一切變得完美，這也是步道魔法之一。

醒來時屋內仍一片漆黑，只睡了四小時，感覺腦子還沒醒。我與湯沃為了今天四十英里的目標開始煮早餐，補給能量。

從 Hut 離開時，天空漸漸染上靛藍，樹頭上映著陽光。我走在前方帶領節奏，一路爬上雪白的玄武岩稜線，俯瞰延伸至地平線森林，這時湯沃又不見了。

身心雙重疲憊，我不願再走，坐在岩石地上，埋起頭來睡一下。不知等了多久，我收到湯沃的訊息，原來他肚子作怪了，嫌疑犯可能是昨天他背上山的溪水。

湯沃身體出狀況，我也因連日睡眠不足，走得跌跌撞撞。我跟湯沃說：「你先走吧，我喝點咖啡，然後打個十五分鐘小盹，快速充完電再上路。」

湯沃說：「好，你會很快追上我的。」

我不只精神不濟，肌肉痠痛也沒回復，這完全不是四十英里的步調，更別說我們攻的可是三冠王路線中最陡峭的路段。

小酣片刻，我拔腿狂追，遇上湯沃時，他疲倦的在溪邊休息吃行動糧。他自嘲：「連續三天四十英里實在是壞點子。」

我同意。我們今天的狀況太差了，這種崎嶇陡峭的山路不可能走上四十英里。湯沃說山下有一棟民宿，二〇一九年他走阿帕拉契山徑時曾住過。抵達Hostel時，居然還沒營業，原因是徒步旺季還沒到，太令人傻眼了。

疲倦的身體不願再走了，大概是歷經阿帕拉契山徑磨練之故，我們只沮喪了五秒，然後不約而同繞著屋外尋找線索。

洗衣機插座可以充電，戶外儲藏室可以遮風擋雨，後門有戶外躺椅的墊子可以當床，老實說這裡離步道不遠，是很好的歇息地。問題是身體渴望食物，湯沃說他在軍中學過開鎖，如果屋裡有冷飲，他會入內拿飲料並把錢留在桌上。

湯沃問：「你想怎麼做呢？」

我說：「我可以睡在任何地方，但現在我最想大吃一頓。」

這一點我們都同意，於是將背包藏在 Hostel，走路去最近的城鎮華倫（Warren）找餐廳，大約四英里。

交通警示的跑馬燈秀著「遊民都是越戰退役軍人」，一台貨卡上掛著旗子與標語，寫著「FUCK BIDEN」我看了湯沃一眼。他說，偏遠鄉鎮的人們性格比較偏激一些。

我們沿途攔車，湯沃緊盯汽車駕駛，目光交會直到最後一刻，沒有任何一輛車停下來。我放棄了，但湯沃不放過任何機會。

我對湯沃說：「我們可能做錯了一件事——沒有背包，在別人眼裡我們是風餐露宿的遊民，沒有人敢讓我們搭便車。」

我們試著小跑步爭取時間，終於抵達四英里外的小鎮，但有些不對勁，居然沒半個人影。

不，有，一個在箱型車頂跳舞的小孩，他跳著跳著突然指著我們後方的樹說：「哇，我從來不知道樹會開白花耶。」

這太詭異了！我跟湯沃說：「這像極了恐怖片場景，看看剛才那個小孩，只有大人不在家的小孩才敢踩著車頂，如果大人在家，早就被揪著耳朵拉下車了。他怎麼爬上去的？他怎麼能待在家大人卻不在？太詭異了。」

該不會人都藏起來了，要獵殺迷途的旅人了？電影是這樣演的啊。

湯沃說：「是呀，感覺這裡家家戶戶都有槍，我會先闖進屋子奪槍，軍中教我們敵人手上的武器可能是最好的防衛武器。」

我當然知道湯沃在開玩笑，來到一個沒有餐廳的小鎮，根本找不到餐廳，面對挫折有時需要自嘲，才能舒緩壓力。

我們走到市中心，小巧簡陋極了，有兩間餐廳，但沒營業。大吃一頓的渴望更強烈了，我們往更遠處找尋，但結果可能找不到東西可吃，反而要花更多時間回到藏背包的 Hostel，這是很大的賭注。

湯沃說似乎看到地圖上有加油站，我說剛才還看到一間旅館，大不了晚上住飯店，只是我們什麼都沒帶，隔天早上還要向飯店主人求情，麻煩載我們回步道。

即將天黑，四十英里的計畫已經耽擱了，還耗費寶貴的時間在尋找餐廳，而且沒找到。我們不停試著突破困境，走越遠遇到的人就越多，有個腳踏車騎士在對向車道跟我們招手。太開心了！令人開心的不是他的熱情，而是貨架上那兩盒披薩。

終於，我們找到加油站，那裡有一間兼賣五金的豪華超市，是全鎮命脈所在，應有盡有，超乎想像。湯沃看著我說：「我不知道該怎麼回到 Hostel，但我現在超開心的。」我也一樣。

我們點了 Pizza，味道完全不輸給紐約市。吃完以後，湯沃說他去超市問問能不能叫車回 Hostel，不久他喜滋滋走出來，比了大拇指說經理願意載我們回 Hostel。

我們趕緊拿了剩下的食物往車上走。我心有所感的說，本來今天可能很糟糕，結果卻很美好。

回到 Hostel，我們在戶外布置了床榻，沒取得老闆同意有點遺憾，老實說，這大概是我在戶外睡過最舒服的一次了。

今天只推進二十英里，明天依然想挑戰四十英里，把白山國家森林最險峻的四座高牆給解決掉。後天湯沃就要離開步道，我們得做點什麼。

（20 / 1795 / 2200 英里）

阿帕拉契山徑徒步穿越 Day 77

積雪大麻煩

四點起床，將昨晚在超市買的蔬菜沙拉與水果切片當早餐吃，與湯沃合力清除住宿的痕跡。我睡得很好，戰力恢復不少。

剛踏上步道就遇到一條河。我忍不住瞟了湯沃一眼，他無奈說：「是的，一大早鞋子就要濕了。」

我打前鋒，踩進冰冷得令人發疼的河水，陰鬱的石頭堆疊成長坡，這是我最拿手的地形，我用穩定的步伐登上四千英尺。隨著接近頂峰，步道上開始出現積雪，陡峭的步道變成長滑坡，每個步伐都需要計算風險，速度不得不減緩。

來到矮箭竹與頁岩地質步道，地勢平坦許多，回頭俯望，眼前層層堆疊的山巒讓心情開闊起來。步道往上，沿路都是石塊堆疊的石塔，而且不小，大概都有一公尺高。石塔以一種史詩傳奇的氛圍迎接徒步者至著名的駝鹿山（Mt. Moosilauke），此地的景色大概是我在阿帕拉契山徑所見最壯麗的了，很難想像從一個平淡的小路口走來，沒多久就遇見如此壯闊的風景。

湯沃指著層疊的群山之中一座積著白雪的最高峰說：「看到了嗎？那就是華盛頓山（Mt. Washington），白山路段最高峰。」

看起來好遠呀，在地平線盡頭，要走多久呢？在那之後就只剩我自己了。

離開駝鹿山，下到埡口有兩千五百英尺落差，我們遇到大麻煩：積雪。一路積雪，更糟糕的是底部已融化成水，要是沒踩到紮實的雪，整條腿就會沈陷，鞋子將泡浸冰水，這徹底拖慢我們的速度。

結束與雪道陷阱的纏鬥，接下來的步道極其陡峭，由石塊拼湊而成，最有效率的下山方式就是收起登山杖，如跑酷般邊跑邊跳，比較危險。在一處急墜的陡坡，我踩到冰滑的石塊，無法控制的往下掉，幸好雙手本能勾住路旁的松樹枝幹，才沒摔下五米深的陡坡。

湯沃大聲喊著：「嘿，別死掉。」

我掛在樹上，聽湯沃這麼一喊，愣了一下，腦子一轉，才意會他在開玩笑。在雪上徒步，時間變得非常漫長，路況太糟糕，速度真的很慢，簡直像滯留原地。壓力逐漸累積，我們需要釋放情緒。

我們相視一笑，我說：「哈哈，誰跟你說我會死。」

湯沃說：「出發前，我研究過路線，如果沒弄錯的話，這段路就是全三冠王路線中高度落差最大最陡峭的一段路。」

我們在雪道上滑倒無數次，總算平安通過。離開跳石路段，沿著瀑布旁的木樁梯子往下走。我小心翼翼走下階梯，來到瀑布底端，卻因觀看瀑布分心，整條脛骨往尖銳的石頭砸去，痛入心扉，沒想到最危險的陷阱居然是美麗的景色。

湯沃明天早上就要離開步道去波士頓搭乘飛機，我們的速度受到路況阻延，不可能及時爬過最後一道五千英尺高牆趕到公路，今天只能下榻半途二十六英里處的木屋 Lonesome Lake Hut。

即便如此，接下來的三座山也不容易，劇烈的高度落差，更多攀岩與跳石，以及惡夢般的積雪陷阱。穿越 Mt. Wolf 與 Mt. Kinsman 南北兩峰，我們的腳掌與股四頭肌已到極限，抵達 Lonesome Lake Hut 時，我們發出尖叫迎向它。

這是由 AMC（Appalachian Mountain Club）管理的現代化山屋，有水有太陽能電源有廚房，提供將近五十人的住宿空間。如果提早抵達，還可以協助清掃環境與準備晚餐的方式換宿。

明天就要下山進城，我打算吃光補給品，當做完成連續五天在野外生活的獎勵，美中不足的消息只剩咖哩飯，因此晚餐我吃了四人份咖哩飯，好膩。

管理人說平常週間山屋僅少數登山客，但今天人特別多，感覺像是有個論壇群組帶著食材，從停車場走約三、四英里到山屋聚會，他們烹煮各式食材、烤餅乾，看得只能吃乾燥飯的我心生羨慕，明天進城我得好好賞自己一頓大餐。

就寢前，湯沃說他母親要從康乃狄克州開車到新罕布夏州接他去波士頓搭飛機。湯沃的母親也愛爬山，曾完成歷史比 AT 更悠久的「長步道」，是全家最支持他完成三冠王夢想的人。

湯沃自己加一句：「我沒有要求，是她主動提的。」

總之，托湯沃的福，明天我不用搭便車或走路進城。晚安，Lonesome Lake。

（23 / 1818 / 2200 英里）

阿帕拉契山徑徒步穿越 Day 78

希望在台灣與你一起冒險

在 Lonesome lake hut 的通鋪醒來，戶外木板走道上積了薄薄的新雪。我在大廳餐桌泡了一杯黑咖啡，嚼著什錦堅果，向湯沃探問接下來的路況。

我說：「我昨晚查了資料，去年離終點一百四十英里處的渡船直到五月二十七日才營運，這是 AT 必經之路，沒有渡船接送，今年應該還沒有人完成阿帕拉契山徑。

湯沃說：「二〇〇八年有個 CYTC 名叫 Legend，他抵達時也沒船，於是脫光衣服把衣服裝進防水袋游過去。」

我說：「喔，難怪他叫 Legend，但是全裸我辦不到，哈哈。」

接著我們收拾背包出發，目標三英里外的訪客中心，去跟他母親會合。我們悠閒走著，或許太放鬆了，湯沃被樹幹絆倒，整個人摔翻，我趕緊拉他一把。我在大煙山第一次遇到他，就看他摔過，想不到臨別前又上演一次，但這一摔讓我有種不祥的預感。

當時在大煙山，我才踏上步道兩個禮拜，對很多事都還不瞭解，兩個多月後，我快抵達終點所在的緬因州，這段時間我從沒有摔過。還有一個令我疑惑之處，湯沃的兩次摔倒都沒有伸手去撐，反而以肩膀著地側身摔倒，這不符合一般人的本能反應。我曾聽說小腦萎縮症患者的身體無法做出多數人都會做的反射動作。

雖然爬一座山走一條步道不需要理由，但我還是試探性的問了湯沃，為什麼要挑戰美洲長距離步道三冠王。

湯沃說：「我瞞著女朋友偷偷訂製了一個戒指，希望完成三冠王之後可以送出去。」這理由可真浪漫啊。

在最後一段路，我想起剛踏上阿帕拉契山徑時，我與Ice-Man問即將完成步道的南行者Long-Story的問題。我說：「你回到科羅拉多家裡，最想吃什麼？」湯沃回答：「印度料理Buffet，我可以吃上三、四個小時，直到他們把我趕出去（哈哈）。」

抵達訪客中心後，我們在用餐區喝咖啡，湯沃的媽媽來迎接我們。她看起來非常嬌小，完全不像是能生出湯沃那麼壯碩小孩的人。湯沃的媽打算在車上過夜，車上堆滿寢具，整理車子時，湯沃拿出一卷瑜伽墊，笑問：「妳為什麼想帶這個？」湯沃的媽說：「你永遠不知道什麼時候會想要做瑜伽。」

太有趣了。

我讓他們把我送到山下的戶外用品店，原本已經與他們道別了，湯沃卻下車對我做了一個尷尬的動作：擁抱。

他指著我說：「再見了，最快的 Hiker。」

我說：「很榮幸跟你一起登山，希望還有機會再跟你一起冒險，希望那會是在台灣。」

我揮手看著他們離開，隨後在早餐店給手機充電，整理照片，戶外用品店開門後，我買了六天份補給品與冰爪，去了泰式餐廳點三份餐，在加油站商店買了晚餐與早餐，然後拎著三袋採買品走進 Motel，再來就是休息日的瑣事：充電、洗衣、洗澡、大吃……

我曾對湯沃說：「為了追你，我變成可以一天走四十英里的徒步者，也可以一個人在深夜的山谷行走，一直有個推力逼著我做讓我疼痛讓我恐懼的事情。我一直用競賽模式在步道上生活，現在你不在阿帕拉契山徑了，我終於可以成為日行十五至二十英里的漫步者，好好坐在山頂享受美景，如同 Canary 和 Sim（雖然他們人還在紐約，離我將近四百英里）。」

湯沃說：「抱歉。」他揮著手臂與登山杖笑說：「現在你沒有壓力，可以慢慢享受步道生活了。但你是野蠻人，你願意天還沒黑就躲進帳篷，腳還沒痠就停嗎？」

我說：「沒辦法，追你很辛苦，但沒有耗盡全力的冒險，對我而言根本不算享受。」

是的！我打從心底為了看到不一樣的世界而踏上旅程，如果只付出跟平常一樣的努力，得到的只是一趟遠一些的登山徒步之旅而已。我是這麼想的。

或許抵達緬因州 Kennebec 河時，遇到其他等待渡河的 NOBO Thru-Hiker，我在最後一百四十英里又會成為最具攻擊性的徒步者，成為今年第一個登上卡塔丁的人。

默默的，我又給自己定下目標。

（3 / 1821 / 2200 英里）

阿帕拉契山徑徒步穿越 Day 79

在林肯山遙憶玉山

年少時覺得自己所向披靡，揹著三十公斤背包挑戰台灣最高峰玉山，後來才知道有些事不是有鬥志就能克服。

那一趟我患上高山症，越來越嚴重，根本到不了預定的營地，只好在玉山主峰紮營。夜裡在睡與醒之間徘徊，帳篷外似有燈光閃爍，我很緊張，畢竟是違規紮營，該不會是管理員半夜巡視吧？探頭向外看，哪裡是燈火？是閃著電光的烏雲，在對面山頭，高度跟我所在差不多，隨時能飄過來籠罩我，感覺就像一場夢。

十一點左右離開旅館，往登山口漫步過去，大約走了一個多小時。抵達遊客中心後，我坐在昨天與湯沃一起喝咖啡的座位吃午餐，踏上登山口已經下午兩點多了。

沒關係，沒有時間壓力，今天目標是摘下一、兩座 4K 山頭。先是一段長坡，這對我來說不是問題，但接近峰頂時開始遭遇積雪，上上下下令人煩躁。我低著頭看路，猛然撞上一截從路旁突出的斷樹，額頭掛彩。

帶著傷，不久抵達 Mt. Liberty。山頂是巨大的岩塊，站在上面往南可以看見 Lincoln Town 以及今早走來的公路，往北遠望則是巨大的 Mt. Lincoln，今天的目標 Mt. Lafayette 則完全被遮住。

往北繼續走，積雪已是常態，融冰令腳底更濕滑。穿越漫長的松樹林，我爬上稜線，Mt. Lincoln 展露在眼前。眼前的美景徹底將我震懾，不只是美，更因為跟台灣的玉山太相似了！

在走向 Mt. Lincoln 山頂的路上，我一直回想在玉山的境遇。

那一晚衣物單薄，抵抗不了寒冷，頭也疼，我判斷無法獨自逃離山頂。心裡閃過無數恐懼的想法，原來我的能耐只能到這裡，想看得更多，就會死，但朝著目標前進好像沒什麼可悔恨的，比起來，當個庸庸碌碌沒有目標的活人才更可怕。在睡睡醒醒之間，也不知那雲最後有沒有降臨，早上一拉開帳篷，見到耀眼奪目的金色山頭與雲海之上的日出。後來偶然間從電視看到玉山主峰的石碑被雷擊削下一角的新聞。

Mt. Lafayette 緊接在 Mt. Lincoln 之後，一片岩石荒野，沿路一座座石塔都是徒步者的路標，下山的路看似通往更北方的山更北方的天空。

即將攀上 Mt. Lafayette 峰頂時，我發現蔚藍天空中有一道微小的反射亮光自遠處來，緩慢無聲劃過上空，飛向太陽，然後消失在刺眼的光芒裡。

走在稜線上，此處有個岔路指標，舒適溫暖的 AMC 山屋就在下方山腰。昨晚住了汽車旅館，今晚不該再花錢享受。我往下一個庇護所前進，被迫摘下另一座 4K 山頭 Mt. Garfield，道路極其難行，積雪融冰加上幾近垂直的陡坡，又是生不如死的感覺，我可不想走這種夜路呀。

有驚無險，天黑前進了庇護所，而且還是獨占。早上在汽車旅館看新聞，遠方的華盛頓山（Mt. Washington）是驚人的零下十一度，積雪皚皚，看起來挺嚇人。明天似乎會下雨，估計後天或大後天住進Hut，然後伺機翻過這座大魔王，一路往緬因州，往卡塔丁奔去。

（10／1831／2200英里）

Day 80 ~ 94 華盛頓山 Mt. Washington

此地是全美氣候最糟糕的地方，連夏天都會出人命，
如果天氣糟糕的話，趕緊夾著尾巴逃吧！

阿帕拉契山徑徒步穿越 Day 80

落魄的背影，美味的誘餌

曙光照進庇護所喚醒我，昨夜寫日記寫到睡著，手機螢幕沒關，浪費了不少電。我不太確定爬過華盛頓山需要幾天，得彌補失誤，進旅館充電。

吃完早餐離開營地。今天的目標是拿下三座 4K 山頭，並將里程盡量往前推二十英里。一出發就遇到積雪，離庇護所不到十五分鐘我就瀕臨崩潰，在雪上展示了各種摔法。後來，對於摔倒這樣必然的事我已釋懷，只求眼珠子別湊上路旁尖銳的松枝。

在雪地走了近五小時，只推進三英里，在苦澀中拿下前兩峰：Galehead、South Twin。在山頂數著一座座已翻越的山峰，真不敢相信我辦到了，它們看起來如此遙遠。

在第三座 4K 峰 Zealand 後，積雪慘況開始好轉，步道也不再陡峭，沿路怪石嶙峋瀑布處處，得以快速推進。大腿的堅持終於得到應有的酬報，我們下山找旅館找食物吧。

白山國家森林有兩處公路岔口，最後一段幾乎在北端出處，不把握機會充電洗澡的話，依雪地路況大概需要五天才能穿越。我決定從岔路口離開步道，走四英里公路到 AT 山地俱樂部（Appalachian Mountain Club）設立的高地中心（Highland Center）找床位，當然我也垂涎他們的早餐，照片上看起來太美味了。

看過湯沃攔車失敗的慘況，我學到不少，這次輪到我展現攔車技藝了。基本上，攔車依賴駕駛人的同情心，不能盯著駕駛露出「讓我上車」的渴望，反而要擺出一副落魄的「背影」，孤單走在漫長的公路，那就是一個美味的誘餌了。

這種什麼都不做的佛系技藝真能攔到車嗎？答案是：成功！

這次的步道魔法是賽拉給我的，心地極好的賽拉駕車來此地滑雪，車裡裝滿滑雪裝備與宿營用品，連副駕駛座都是臨時清出來的，我趕緊說不需要整理，不用太舒適。

我們聊著我的徒步之旅，後來她發現我對目的地一無所知，還問我是否反方向了，她可以調頭載我去另一邊，我感激的表示不用了，我極容易滿足，任何地方只要有餐廳或床位就可以。

幸好沒走錯路，我順利來到AMC高地中心。此中心由AT山地俱樂部經營，有不少山地生存技巧課程，導覽與維護人員的訓練，也經營白山境內八座雪地山屋，是強大的民營組織。中心只有一間上下通鋪房間，浴室廁所共用，要價高達美金一百二十八元。我沒預約，沒晚餐可吃（今天網路系統根本不給訂房！），早餐倒是有。

從入口到華盛頓山短短十二英里，但積雪必定令這段路成為全區最難纏的路段，華盛頓山又是AT全線第二高峰，標高六二八八英尺。

一場苦戰看來免不了，今晚可得睡飽囉。

（18 / 1849 / 2200 英里）

阿帕拉契山徑徒步穿越 Day 81-82

夾著尾巴逃吧！

北極冷氣流與大西洋暖流在華盛頓山交會衝撞，最高風速每小時三七二公里，創下世界紀錄，至今未被打破，讓華盛頓山成為北美最「惡名昭彰」的山峰，從一八四九年有書面紀錄以來，不穩定的氣候與極地風寒效應已令一百六十一名登山客身亡，去年測得體感溫度零下七十九度，令人咋舌的紀錄，堪稱全美最致命殺人機器，名聲大噪。

此時我悠哉的在AMC高地中心，享用可能是阿帕拉契山徑全線最棒的自助式早餐吧。氣象預報說，下午四點之後會降雨，為了安全，我打算花兩天翻越華盛頓山。

十點左右離開旅館，步道上有許多學生團體與外國遊客（法語，我猜是加拿大人），我一一超越，不久拿下第一座4K山頭。往華盛頓山山頂看去，沿路遮蔽極少，而且居然沒有惱人的積雪。眼看華盛頓山似乎不遠，信心大增，心想該不會今天就能翻過去吧。

我加快腳步，有個老奶奶也跟著我一起往山頂進攻。海拔越高，風力越強，剛剛還看得見來時的4K山頭，此時一道白色巨牆襲來，強風一颳，我感覺輕飄飄的，身體居然跟著雲霧一起被拱推上山。

上到Mt. Pierce山頭，光溜溜一片，只有一堆堆石塔，一隻松鼠站在石塔上，似乎在享受雲霧蜂擁的感覺，特別有趣。

有對夫婦停在路口，老婆似乎不願意再往前，指著前方被雲霧遮蔽的方向，問我那裡有沒有Hut，我大喊有啊有啊。狂風大作，呼呼貫耳，必須用吼的才能溝通。不妙的是，霧氣漸漸變成雨滴，幸好那對夫妻沒再跟上，不然非吵架不可。

經過一座門關著的山屋，不久在路口看到一個告示牌，寫著：「這裡是全美氣候最糟糕的地方，連夏天都會出人命，如果天氣糟糕的話，趕緊夾著尾巴逃吧！」哇，連警告都這麼直白，但我怎麼會被嚇到呢，繼續挺進。

不料到了一處轉彎，我被眼前的景象嚇壞了：一隻鯊魚被凍結在湛藍的北極海裡！狂風亂颳製造太多雜訊，耳朵失去作用，在雲霧中只能靠石塔辨識路線，令我漸漸失去判斷力。

我一步步爬上通往山頂的石階，說是石階，其實早已被豐沛的地下湧泉或融化的雪水變成水道，登頂前的路況越來越惡劣。我以為華盛頓山是遺世孤立的存在，事實上不是，那裡豎立著各種氣象觀測建築，山頂還有一輛巨大的鏟雪車。

我急著逃離，跟華盛頓山木牌合照後，強風馬上將我撞開，我懶得花力氣補拍，何況手機螢幕也沾了水不受控制。

下山時，彷彿闖進廣闊的石片海，白牆籠罩，讓我像個在外太空飄盪的孤魂。突然間鳴笛聲大響，我根本搞不清楚這聲音從何而來，難道這裡有卡車往來？

步道在一道鐵軌前消失，接著火車慢慢向我移動，原來那鳴笛聲就是衝著我來的。華盛頓山頂上，有載送遊客往返的小火車，由於山上經常雲霧籠罩視線不佳，得鳴笛提醒穿越軌道的AT徒步者。

火車上的遊客有的對我拍照，有的透過滿是霧氣的玻璃跟我揮手，然後慢慢消逝在雲霧中，我真想跟他們一起逃離這鬼地方。

部分石塊泡在水裡，搖搖晃晃一點也不穩固，我被風吹得難以正常行走，鞋子還不時被迫踩進水窪。狂風不放過我，從背後用力推了一把，我的腳卡進石縫，整個人雙膝跪地，臉幾乎貼在地上，華盛頓山的鬼風真是把人搞瘋了。都跪下了，滿意了吧。

走著走著，又走進雪堆斜坡。這坡挺可怕的，不但表面光滑，盡頭還是個七十度斷崖。由於沒有足跡可循，只好拿出手機查離線地圖，一看嚇一跳。

地圖居然說路線就是那道懸崖，太令人傻眼！後來我猜積雪太厚，導致我實際上懸空走在步道上。我繞到對面的樹林，甚至扶著岩石滑下懸崖，完全找不到路可走。有人可能會試著往上爬翻越山稜找路走，但我見頂著強風的山錐光禿禿的，勢必布滿冰霜，就算爬得上去，也未必下得來。

我判斷最安全的方式應該是沿著本是河道的岩石下山，接到最近的步道，但這意味著我必須爬著七十度的雪坡回原處，再爬一段碎石路，然後滑下懸崖找路。天都快黑了，我只能相信自己的判斷，要是不幸失敗，天暗了路更難找。

我辛苦的抵達懸崖下方的步道，卻沒有見到明顯的路跡可接回正路，只好忍著被樹枝刮傷的疼痛，強行穿越松林，返回步道。我落難似的往山下逃，雲層漸散，我從岩石稜線一路跑進森林，拖著失溫的身體踩過冰冷的瀑布，終於抵達庇護所，這時居然又下雨了。

我跟庇護所裡的朋友請求分享床位，脫下濕外套濕褲子，穿上羽絨保暖褲。大家瞪著我，一臉疑惑，好像在說：「你要穿羽絨褲睡覺？有那麼冷嗎？」我心想：「你們不知道我一整個下午經歷了什麼，只有溫度才能讓我安心。」

隔天，我收拾背包就逃也似的離開庇護所，途中雙腳還要穿越冰冷的強勁瀑布，實在相當狼狽。

抵達路口，豔陽高掛晴空萬里，與昨日的際遇想比，恍如隔世，我收起登山杖漫步在公路上。又有好心人主動說要載我進城，我跟車主的大狗坐後座，主人跟我聊天，一旁的大狗直舔我大腿。

直到此時，我才覺得生還了，不會死了。

（47 / 1896 / 2200 英里）

阿帕拉契山徑徒步穿越Day 83-84

最難的一英里

在Gorham度過無可挑剔的全休日，我離開小鎮返回步道。

白山國家森林之後的公路是觀光客與徒步者的分水嶺，因此步道缺少常態性整頓，蚊蟲孳生，倒樹橫陳。我在溪裡搓洗黏了松脂與蜘蛛絲的手，心想這就是我即將進入的緬因嗎？

隨著海拔攀高，泥濘的土逐漸被岩石取代，能在岩石上生長的只有松樹，松樹長青，穩固扎根，卻更像黏覆包裹著岩石，利用濕苔留住水分與塵土，因此得以在地形險惡之處生長，而且長得有如東方禪意的庭園風景。我在轉角處瞥見遠方覆著白雪讓我又驚又恐的華盛頓山巔。

我非常不滿意小鎮上買的鹹味餅乾，起士味不足，餅乾的纖維又讓尾韻帶著苦澀。我也不喜歡白山之後的水質，這些地下湧泉可能因為富含鐵質而呈現刺眼的紅色，有股腥味與難以形容的黏稠感。今天我只用旅館盛裝的自來水煮泡麵，這也是我一整天吃的所有食物。

我在岩石平台上的庇護所下榻，透過樹梢能看見河狸在湖上建築的木堆，湖泊瀉口在庇護所所在的懸崖下方，不但居高眺望遠山，也聽得到谷壑間的瀑布。雖然餓，但此地倒是個高雅住處，心靈上的滿足稍微撫慰了生理上的空虛。

隔天早晨，我進入最後篇章，預計推進二十英里，在接駁車司機最後載客時限前，進到城裡補給，以應付荒涼緬因所需的糧食。

我加快腳步，迎接我的是AT最後一塊州界碑，然後就是在亂石堆爬上爬下，沿路我沒留下鮮明的印象，倒是清楚知道身體能量急速下降，從昨晚起我就沒吃東西了。

中午即將下雨，為了趕路我逼自己在庇護所的水源區過濾那些黏答答的紅水，煮杯熱可可，補充熱能抵禦寒冷。庇護所裡有對男女已經下榻，套著睡袋在休息。我納悶怎麼才中午就打烊了，應該跟著我一起衝往山下才是。

不久來到岔路口，寒冷的氣息迎面撲來，前方滿滿積雪，心頭一陣哀傷，眼眶有點泛淚，好像得放棄今晚下山的念頭了。踏進積雪，雨勢跟著變大，山谷滿布巨大的亂石，彷彿昨天才崩落似的。Mahoosuc Notch，我連如何發音都不知道，但覺得有點印象。

我滑手機尋找在社群媒體看過的影片，一看不得了，原來這裡就是傳說中「AT最難推進的一英里」，我完全沒料到，一進緬因州就要面對它，這時我才明白為什麼那對男女早早收工休息。

老天爺啊，幹嘛這樣整我？

面對眼前的慘境，我沒有選擇。積雪非常脆弱，好幾次整隻腳遭到吞噬，我不再嘗試鑽岩縫，改從上方跳石穿越。跳石很像賭博，石頭因雨濕滑，只要沒踩好勢必失足重傷，路線選擇變得極為重要，雖然偶爾會無路可走。

或許專注求生激起我莫名的興奮，這一刻我非常享受挑戰。我居高臨下，計算跳躍的最佳路線，從濕答答的零食袋抓了一把餅乾往嘴裡塞，惡狠狠嚼著。我自戀想著：哈哈，野蠻人你真帥。

影片中的徒步者總共下了七次背包來穿越巨岩與巨岩之間猶如洞窟的孔隙，我只下了一次，這唯一一次還是因為有雙箭頭指標加AT白油漆，為了體驗鑽洞，非下背包進洞不可。這一英里我用了一小時又十分鐘，在積雪跟雨中，算是不錯的成績。

「最難的一哩路」沒對我造成太大的威脅，但緊接而來的陡長石坡卻給予我重擊，大腿再也榨不出力量，更大的問題卻是我的心態。曝露在強風冷雨之中，明明知道正在失溫，卻不願拿出衝鋒衣，雨褲也不穿，理由是只要再三英里就抵達庇護所。

我太想彌補那個打算直衝山腳進城吃豐盛晚餐的我，所以就算不得不退而求其次躲進庇護所，我還是描繪了美好的畫面：「先去庇護所的水源取水，不管熊會不會被味道引來，我要在屋裡吃泰式咖哩飯、醬油拉麵，看離線電影，喝熱可可亞配BLT限定風味洋芋片。」

所有的苦難堆積都會讓收穫的果實變得更多汁可口，我要咬著牙，讓一切美好都實現。

我成功抵達湖濱的庇護所，湖大得無法在雨中望見對岸。我大概徹底失溫了，不停發抖，我一直告訴自己快完成了快完成了。最後一道難題「取水」也解決了，不料平時只要兩秒就打開的瓦斯罐瓶蓋，我居然花了整整十五分鐘才用凍僵的手指撬開，接著要點火，才發現瓦斯罐漏氣，爐頭竟然就點不燃了。

我徹底崩潰了！倒在木板上，將手指夾進膝蓋窩，身體詭異的蜷曲著，試著為凍僵發疼的手指取暖。我累到連沮喪的力氣也沒有，爬回睡袋，抓著厭惡的鹹味餅乾猛嗑（這時居然覺得不錯吃），看手機影片，這是計畫裡唯一實現的項目，身心再次遭受嚴重打擊，只能苦中作樂，在疲憊中任性的睡去。

在伸手不見五指的黑夜，我聽見腳踩碎石的聲音，聽起來像是一個有意識的生物的步伐，來來回回，在庇護所外不停窺看似的。我不敢開燈，如果開了燈，發現真有人看著我，怎麼辦？

不可能，湯沃已經在PCT的路上，這種天氣與路況，整個AT除了我，沒有第二個瘋子，就算有也不可能在低溫中來回走動。我太在意那聲音了，根本無法入睡，必須親眼看看到底怎麼回事。我打開頭燈，沒有人影，也沒有我在步道上無緣一見的神秘駝鹿。關了燈，腳步聲再度出現，這時我的眼睛慢慢適應黑暗，才發現背包上小小的白影，原來是該死的老鼠。

大意了，沒將背包吊上梁，被咬出兩個洞，這是我在AT第一次被惡名昭彰的山老鼠偷襲，原來碎石上的腳步聲就是山老鼠咬錫箔紙袋的聲音。食物的味道散發出來，我得馬上處理，要是引來更多野生動物來開趴就慘了。

折騰了一夜，我在寒冷的曉色醒來，離開庇護所爬上山頂，看見寒風在松葉上吹出的霧淞，踏著些許積雪，下山的路逐漸平坦，終於離開山區了。

此處沒有訊號，離最近的戶外用品店約十八英里。我漫步往城裡去，繼續使用「佛系攔車法」。來到中途的登山口，我遇見難得的人影，追上去請他撥電話給接駁車司機，這幾個來森林裡露營的老人熱心的繞著路口找訊號，過了一會兒說：「這裡太偏僻了，又在山谷裡，大家應該都沒有訊號。」我跟他道謝，繼續向前。

走了四英里，終於聽見後方傳來引擎減速的聲音，一老一少探頭問我：要搭便車嗎？他們跟我一樣往 Bethel 的鎮上，是緬因人，來此處爬山，明年也要走半程的 AT（Katahdin - Harpers Ferry）。

年輕人很有經驗，給了我幾個停靠城鎮的建議，老人則說：「現在我就是你的司機，告訴我你要去哪裡吧。」我想了一下，戶外用品店非去不可。我在戶外用品店買了足足七天糧食、燃料與新爐頭（好貴！）。老闆跟我閒聊說：「你是我今年遇到的第一位阿帕拉契山徑徒步者，能不能跟你拍張照片？」當然沒問題。

他問我要不要去鎮上，他想要開個小差，溜去鎮上買咖啡跟朋友閒聊。我心想：「太棒了，連續兩次好運。」本以為得走到下午才到得了呢。

自從與湯沃分別，我已經連續搭了四次便車，忍不住傳訊向湯沃炫耀，他回：「SAVAGE，你是便車大師耶！」

步道上的危機與驚喜令人意想不到。經歷過華盛頓山與Mahoosuc Notch，我真的想不出緬因州還能端上更「豐盛」的菜色。

（31／1927／2200英里）

阿帕拉契山徑徒步穿越 Day 85

絢麗緬因

在Bethel的旅館享用美式早餐，肚子填飽了，收拾背包等Nancy將我送回步道。

Nancy年約六十，熱愛山林，在Bethel一帶經營接駁車生意。往步道的路上，健談的Nancy教了我不少，像是她說我可以在湖邊看到麋鹿，但是要注意Tick（蜱蟲，台灣俗稱「八腳怪」，同樣惡名昭彰），她朋友被咬了以後出現過敏反應，在醫院住了一個月。麋鹿在白山這一帶被視為吉祥物，不過Tick肆虐，麋鹿大量死亡。

今天非常晴朗，雖然出發得比較晚，但卻是很棒的登山日。路線起起伏伏，走來卻不覺辛苦，登上山頂遙望對面的Baldpate山巔，猶如銀白色的巨石，巍巖地盤踞在一望無際的茂密森林中，壯麗絕倫。

這座山峰比想像中更容易攀越，又沒有遮蔽物，景色一覽無遺，整個緬因大地色彩絢麗，讓我大呼過癮。風力發電機沿著遠方的山脈一根根矗立，像是守護著山脈下的湖泊，湖中有一座小島遺世獨立，真想上島探險。

AT令人不捨，有時又讓人痛恨，我暗自發誓一定不要再走一次，但一看到夢境般的景色，又想著要是從頭再來一次……

步道上常常出現類似羊屎的排遺，但我沒發現何四肢動物，難道是Nancy說的麋鹿嗎？依照排遺出現的頻率和數量，應該很容易看見，但為什麼我看不見？牠們很懂得隱藏？還是只在夜裡出沒？真想在僅餘的步道日子一睹傳說中的四不像。

往北的路上蚊蟲越來越多，只是這些蚊子還不太懂得叮人，笨笨傻傻，不似台灣小黑蚊那樣快準狠。隨著海拔升高，這些還不太會發揮本能的蚊子跟不上來，只要不停留，困擾並不大。

抵達庇護所前，我煮了麵，配著山頂美景吃了晚餐，結束美好的一日。

（16 / 1943 / 2200 英里）

阿帕拉契山徑徒步穿越 Day 86

你見到駝鹿嗎？

睡夢中，一陣急促的腳步聲將我吵醒，探頭一看，是個半夜趕路的 Hiker，看來今晚我不再獨占庇護所了。從舉止看來，他似乎是個直爽到有點粗魯的人，我只朦朧記得在營火前吃晚餐的背影。

早上醒來，跟他打了招呼，他的步道名叫做小提琴棒（Fiddlestick），聽起來很有文藝氣質，跟他的形象完全兩樣，如果他說他是一名音樂家，我可是……會很驚訝的。他也從 Harpers Ferry 出發，目的地跟我一樣，卡塔丁。

我沒在步道上遇過 Fiddlestick，但他都已經追到跟我相同的出發點，顯然也不慢。他說緬因的地形，讓他只能推進十五英里，這也跟我一樣。我的好勝心又被激起了，今天得衝個二十英里，不然就輸了。

告別 Fiddlestick 離開庇護所時大約六點。這段時間是我創作慾爆棚的時刻，彷彿更能看見森林的美，然後克制不住地瘋狂拍照，近午之後專注力下降，我就會坐在山頂吃零嘴，聽音樂，在奢侈的景色中用感官的樂趣來降低疲勞帶來的煩躁。

下午兩點左右，飢腸轆轆，我轉向往庇護所的路線，在水源區取水煮午餐。一個大鬍子 Hiker 帶著混種米格魯，也走進庇護所營地，他是來自華盛頓州的查理布朗（步道名），他的狗理所當然就叫史努比。

查理布朗從喬治亞州出發，一直走到紐約熊山之後，返回維吉尼亞州的大馬士革參加步道節嘉年華。步道節吸引數千名遊客帶著帳篷在鎮上集結，參加各種活動，Hiker 遊行、知名的 AT 作家現身演講、廠商免費修裝備、免費洗衣服、免費食物……等。

查理布朗沒有回到紐約，而是跳過麻州與康乃狄克，從新罕布夏一路走到緬因。他的出發時間跟我接近，與他聊到大煙山要命的低溫、華盛頓山消失的步道、Mahoosuc Notch 的積雪，都是我們共同的經歷。

我問他有無看到駝鹿（Moose）。他說：「沒有，我的狗總是亂叫，把動物都嚇跑了。我在阿拉斯加的湖邊看過成群駝鹿，所以不覺得錯過什麼。」我心想：「好棒，旅遊足跡那麼遠。」查理布朗接著說：「我老婆告訴我，卡塔丁再過兩天就開放了，這表示今年第一位完成步道的人即將出現。」

我估計明天查理布朗與史努比、昨晚庇護所的Fiddlestick還有我，都會在下一個Hostel補給，也會在相同的出發點一起往卡塔丁爭取登頂。新的挑戰者出現了，我又熱血沸騰，隨時準備暴衝。

查理布朗離開後，我吃完午餐小睡十分鐘，將登山杖收入背包。目前步道上有太多樹根與石頭，登山杖的落點會影響雙手擺動的頻率而干擾速度，因此我採取徒手徒步（好饒舌），在接下來四小時抵達九英里外的湖畔庇護所。

天色已暗，但庇護所好熱鬧呀，營火堆傳來陣陣笑聲。找不到營地可紮營，只好在小徑寬闊的空地搭起帳篷，一旁的葉子有尿騷味，但天黑了無力再走，胡亂將就過夜。

明天，算是半日休，只需走十英里，中午前抵達Hostel，早點休息，補給洗衣，找機會進城大吃一波。

（21 / 1964 / 2200 英里）

阿帕拉契山徑徒步穿越 Day 87

坐擁一整條溪

早晨我在兩種聲音中醒來，首先是忽遠忽近的口哨聲，那是某種特殊的鳥語；另一種就熟悉得多，是附近帳篷傳來的打呼聲，可知營地多麼擁擠，大家靠得多麼近呀。

週一是亡兵紀念日，就是美國的長週末，一群人圍著營火開趴，難怪昨晚我差點找不到地方紮營。趁著大家還在睡夢中，我離開庇護所，沿路遇到的登山客都用歡愉的笑容打招呼，讓我也感染了假日的氛圍。這十英里走得比想像中快，沒多久我就抵達今日下榻的 Hiker Hut。

用 Hut 這個字，表示與 Hostel 不同，Hut 不供電也沒有自來水。Hiker 住在營地裡的小木屋、拖車或帳篷。老闆名叫史帝夫（Steve），他不急著向我介紹環境，反而先跟我閒聊，問我從哪個營地來、遇到哪些北向 Hiker……等。

我要付住宿費給史帝夫時，他先遞來一罐運動飲料，說：「這是免費的，住宿費等你離開前再給。」史帝夫問我要住哪一種床位，我挑了靠河邊的休旅車。又問要不要洗澡洗衣服，我說：「都要啊。」

史帝夫讓我帶上要洗的衣服，跟著他上車到附近的體育中心淋浴。史帝夫問：「你認識Anita 嗎？」我說不認識。史帝夫說：「他要挑戰今年的背靠背三冠王（CYTC）而且三天前離開了。你是我今年接待的第二位 NOBO Thru-Hiker。」

老實說，聽到我前方有個強大對手可以追，很開心，但三天，這不是兩百英里內追得到的差距，我不免有些失望。

我們抵達 Rangeley 市中心，史帝夫告訴我：「這是個觀光小鎮，所有消費都會高一點。」他詳細告訴我那幾家餐廳可以用餐，那些戶外用品店能買到鞋子，又問想待多久。我說三小時，然後他就離開了。

我得好好利用時間，用自助洗衣店的等待時間，走去運動酒吧吃披薩與雞翅。酒吧就是不一樣，點啤酒的 CP 值比汽水高，我點了十六盎司口感清爽的啤酒，小麥微微的苦澀與重口味的餐點很搭。回頭把衣服丟進烘衣機，再去戶外用品店找鞋，腳下這雙黑色越野鞋是女兒從賓州帶來給我的，撐了近八百英里，該光榮退休了。

運氣很好，在小鎮上找到評價不差的越野鞋款。總之，我大概兩小時就完成所有事情，包括在陰涼的湖邊小亭吹著微風打個小盹。我在自助洗衣店收衣服時，史帝夫載著查理布朗來到洗衣店，運氣太好了，不用再等一小時，我可以跟史帝夫去超市買晚餐與零食回營地了。

我們在洗衣店閒聊了一陣，我跟查理布朗真的很有緣，我們用同樣的手機殼（小眾的磁吸錢包款式），錢包裡第一張卡片是同一家銀行的飛航里程累積信用卡，現在連越野跑鞋也同款同色。

回到 Hiker Hut，天色尚早，我將椅子放進小溪，讓雙腳泡在冰涼的溪裡冷療，用湯匙挖開心果口味冰淇淋，高效率補充熱量、脂肪與蛋白質。

在休旅車旁聽潺潺流水，內心平靜，吃完一桶冰淇淋，看看錶，離天黑還有五個小時要消磨，必須說這絕對是步道上最放鬆的時光，甚至可能是我人生中最悠閒的時刻。

一般人可能會覺得，這種不能充電、不能淋浴、沒辦法洗衣服甚至沒有手機訊號的小營地有什麼好，但在美國長週末的觀光小鎮，我能獨擁整條溪流，不用在人潮裡擠，與森林零距離，躺在舒適的睡墊過夜，而老闆只收美金三十元，附早餐。

若我不是 Thru-Hiker，大概永遠不會有這樣的旅遊經驗，永遠想不到性價比槓桿能開這麼大。

（10 / 1974 / 2200 英里）

阿帕拉契山徑徒步穿越 Day 88

無限溫暖的鼓勵

涼爽的早晨，我在拖車裡醒來，悠悠哉哉整理背包，史帝夫走來說：「早餐準備好了，如果你想吃的話。」現煎雙蛋夾融化的起士片，擠上番茄醬撒黑胡椒粒。為什麼那麼簡單的東西，我也覺得美味無比？

離開前，端著咖啡在營地游走，好好看看這個我喜歡的環境。木屋外掛著幾個背包，便問史帝夫有沒有 Slack-Pack。

史帝夫一副為難的模樣說：「有啊，但只有八英里，那個步道在大雨後被沖垮了……」

我有點失望，但接下來史帝夫說的話完全扭轉了今天的劇情。「我們還有另一個，三十一英里。」

我點頭如搗蒜的大叫：「那就是我想要的啊。」

史帝夫一臉驚訝的說：「你想要？可是接下來的路段很困難，到現在為止只有一個人完成。」

史帝夫連說了兩句，簡直火上加油，我忍不住舉起雙手，想馬上奪下：「對對，我就是要這個。」

查理布朗在一旁幫腔：「SAVAGE 做得到。」

史帝夫會把我背包裡的東西送到下一個 Hostel，在這裡大家的手機都沒訊號，我上路後得自己聯絡。史帝夫很害怕我會出事，給了我一包錫箔保暖毯，萬一逼不得已在山上過夜可以用。

這不禁讓我好奇到底之前的人發生了什麼。

離開前我跟昨晚抵達 Hostel 的 Fiddlestick 道別，他舉起手跟我擊拳：「加油，SAVAGE。」

史帝夫把我跟查理布朗載到步道入口，道別後我立刻走進步道，查理布朗在我身後大喊：「GO! SAVAGE! GO。」

大家給我的鼓勵像是我正衝向卡塔丁的終點似的，有點莫名的感動。

經過非常陡峭的爬坡，一離開森林，寬闊的景色馬上展露眼前，踩著石坡往上爬，心情雀躍。路上遇到在 Bethel 見過的中年女徒步者，還有躺在路上休息的三個年輕人。或許是我奮力奔跑的眼神顯露了我旺盛的企圖心，他們都對著我的背影喊出「加油」，來自於陌生人的鼓勵令我湧現更多力量。

帶著高昂的情緒，接連翻越三座 4K 山峰，這段路確實如同史帝夫所說的那般充滿挑戰。登高回望那些走過的壯麗群山，彷彿飛翔，頓時冒出個感悟：「活著真是美好啊。」

接下來的頂峰都藏在茂密的松樹林裡，步道也變窄了，讓我不斷被松葉刺到，樹根亂石佔滿路面，腳掌折騰得越來越痛，疲勞指數迅速上升。

全程三十一英里，最困難的莫過於登頂前極陡的好漢坡，爆操臀肌與大腿，我在 AT 很少流汗或心率爆高，這次心率開高，耗光肝糖，換來的就是虛脫的撞牆感。

最後一段最陡，估計晚上八點左右才到得了終點。我定時向今晚入住的 Hostel 回報位置，因為是個很小的鎮，老闆娘 Jenns 很擔心我吃不到晚餐，我不得已停下腳步上網點餐，已經緊繃的時間壓力還受到耽擱，讓我下山之路變數更多。

幸好後段五英里是長緩坡加平路，我不要命的狂奔，趕回一些進度，勉強在我宣告的八點左右抵達步道出口。

Jenns 在終點等候我許久了。她載我回 Hostel，聊天之中也解開我的疑惑，她說步道上的便便就是駝鹿留的，小鎮到處都看得到駝鹿，牠們在馬路上遊蕩，有時還會朝人走近。

說著說著，我們馬上在路邊看到一隻，像畸形的馬。我跟 Jenns 說：「熊啊、蛇啊、駝鹿啊，所有 AT 的動物我都看過了，沒有遺憾了。」

這是我在 AT 上見過最棒的 Hostel，今晚我一個人獨佔整棟。他有按摩槍、滾筒、泡腳機，兩個沙發空間……等，還有主人得意的調味熱巧克力。我對 Jenns 說：「真希望我有時間使用，但我想吃完晚餐洗了澡，應該直接昏睡過去了。」

（32 / 2006 / 2200 英里）

阿帕拉契山徑徒步穿越 Day 89-90

奔向渡口

Hostel 的床很舒服，但可能因為不小心昏睡，半夜醒來就不太能再入眠，反而導致我精神欠佳。

早餐非常豐盛，有培根炒蛋煎馬鈴薯，增量版水果鬆餅七片。太瘋狂了，不忍浪費 Jenns 的好意，我吃完鬆餅，飽得我必須在沙發上小睡一會，好讓肚子消化。

搭上接駁車，回步道的車程中又看到駝鹿，感覺是很溫和的生物，對人類感到好奇與恐懼。我跟 Jenns 道別，繼續往北走。Jenns 告訴我，接下來除了卡塔丁，只剩最後一座 4K 山頭，之後一路平坦。這似乎預告接下來的旅程相對輕鬆，實際上並不完全如此。

首先，我遲到十一點才抵達步道，再來是我的精神狀態不好，下肢肌肉痠疼，還因為吃太飽不能勒緊腰帶，偏偏百分之八十的背包重量都靠腰部。今天我依然設了關門時間，淡季的渡船只在上午九點到十一點之間接駁，錯過就要等隔天，也就是說我必須在接下來的二十四小時內完成三十七英里，一點也不輕鬆。

這座山名為 Mt. Bigelow，連同群峰大概有五座山頭，我的速度並不理想，但仍然得在入夜前完成翻越。山上的水源都乾涸了，拖著疲憊身軀在山林裡徒步八小時，我又再次飢腸轆轆，好不容易遇到山谷間的溪流，可以舀水煮食。

我穿上外套與防蚊罩夜行，即便非常睏倦，也必須盡可能推進，才可能趕上渡船。我戴上耳機，盡量專注於路面，直到晚上九點，實在太想睡覺了，走不到下一個庇護所了，我決定在湖畔的營地過夜。

四點半醒來，或許是我自己關掉的，但我設定的三點鬧鐘沒把我叫醒。我連泡杯熱可可的時間都沒有，趕緊收拾出發。只剩六小時，必須走完十七英里，均速得有三英里。

雖然少了高低起伏，石頭與樹根都還在，還有讓人崩潰痛苦的蚊子，身邊總有三、四十隻蚊子虎視眈眈，我一停牠們立刻降落狂叮，兇猛無比。由於蚊子大軍的督促，我反而穩定維持速度，這能說是因禍得福嗎？

離渡河口還有三．五英里，離關門時限只剩三十五分鐘。我開始跑，沒錯，揹著十三公斤越野跑。

我聽見強烈的心跳與喘息，一爬坡肌肉就哀嚎，非常痛苦，但時間緊迫，我在樹林裡衝跑跳躍，多努力一點，機會就多些，無論如何都要拚一拚。

抵達渡船處，恰恰十一點，只是我又花了點時間尋找碼頭。

但沒有！除了釣客、在河床工作的工程人員，我沒看到任何渡船。難道是剛才對岸走進樹林的人影？兩岸距離大概二百五十米，對岸地上有些東西遺落，當那個身影再次出現，我不顧一切狂揮手，他遠遠看到，點了點頭。太幸運了，猜中了。

渡船人翻起倒置的獨木舟，放進水面慢慢划了過來。他讓我簽了一些文件，說：「我本來已經下班了，但是回來拿背包時看見你。」

「謝謝，今天被你拯救了。」我對他表示最大的感謝，並在他指示下與他一起划槳渡河。

我成功了。又完成一項艱鉅的挑戰，距離卡塔丁只剩最後一百五十英里平路。三天來的疲憊終於解脫了，上了岸我要搜刮城裡所有汽水，一鼓作氣灌進喉嚨。

（37／2043／2200英里）

阿帕拉契山徑徒步穿越 Day 91-94

準備好並上路

離開歷史悠久的青年旅舍，沿公路轉進步道，累積的疲勞令大腿不斷傳來疼痛的訊號，我幾乎想放棄，撤回溫暖的旅舍。

Jenns 送我回步道時說：「既然你能一天內從史帝夫的 Hiker Hut 走到這裡，那麼接下來的步道對你來說應該都很簡單了。」

其實不然，起起伏伏的山路仍讓我吃不消。看來經歷三個月折磨，我的身體能輸出的氣力已經很有限了，而且還有一股無形的心理作用在拉扯：走得越快待在步道的時間就越少，但我還不想結束。

離開史帝夫的拖車時，查理布朗向我展示了一張照片，在卡塔丁終點開放的第一天，第一位北向徒步者已成功站在終點路標了。我雖然追到湯沃，但我前方還有十五名左右的北向穿越徒步者，將比我更早登上終點。

當我與湯沃因體力透支坐倒溪邊時，我問他：「你的足底筋膜會疼嗎？」湯沃沒有馬上聽懂，後來才恍然大悟：「痛啊，一直都很痛啊。」是啊，我們一直承受著那些苦難，那些疼痛都不是今天才發生的，那已經是步道生活的一部分，以至於我的問題沒能立刻被理解。

我走近岸邊，落日紅豔餘暉映在東椅背池（East Chairback Pond）之上。我想起賽文歐曾說阿帕拉契山徑最困難的路段是緬因州，他說：「整個緬因州都很困難。」

在喬治亞州的海華西，賽文歐買了能綁在樹上的熊袋，當時還有路人跟我們搭訕：「喂，你們有看到黑熊嗎？」我們兩個剛踏上步道，天真以為熊是整趟旅途最困難的障礙。不過，我想緬因州傳說中的困難應該不是步道崎嶇，而是令人髮指的惡蚊，即便隔著衣物還是在身上留下紅腫的痕跡，而且嗡嗡嗡……整天在耳邊縈繞。

這些蚊子無畏死亡，對血液異常執著。我明明穿著壓力腳套而且快步移動，牠們還是前撲後繼將我叮得滿腿紅豆，更可怕的是這些蚊子特別毒，被叮咬後的腫塊特別癢，簡直像自古以來守護著卡塔丁的夢魘，要讓闖入的外來人落荒而逃。經歷兩天苦難，我知道我必須穿上所有衣物，避免皮膚顯露。牠們大概是唯一對徒步者不友善的野生動物了。

克魯茲跟著我一起在漆黑的豪雨之夜翻越池塘山荒野區，他咒罵著：「該死的蚊子，害我連停下來撒泡尿的空檔都沒有。」

哈哈哈。我還記得那是豪雨後潮濕的黎明，我跪坐在溪邊取水，又冷又疲憊的燒水，準備吃乾燥飯取暖，一邊跟克魯茲埋怨那場彷彿為我們設計的史詩級大豪雨，它只下在深夜的壑谷，就像是一場我們一起經歷的惡夢。

克魯茲說：「SAVAGE，真希望我的膝蓋沒受傷，可以跟你並肩走在步道上。你知道嗎？我幾乎死在在華盛頓山（Mt. Washington）。」

我說：「我也是，那天暴風雨實在太強勁了，尤其是過了華盛頓山，步道消失不見，還好我選擇從懸崖往下滑，找到另一條步道才能生還。」

克魯茲說：「暴風雨？我遇到的是暴風雪呀。那個華盛頓山的頂點指示牌掛上長長斜斜的霧淞，我的手機還泡在水中故障了，我在被雪覆蓋的那段路徹底迷路，往上爬到岩石稜線，結果沒路可走，差點要死在山上。」

克魯茲又問：「你有遇到熊嗎？」

我說：「遇到了啊，熊還擋在步道上。」

克魯茲笑說：「哈哈，SAVAGE，你運氣真好，我都沒遇到。」

說來好笑，每次跟克魯茲聊天，最後都變成「比慘」大賽，我似乎總是運氣比較好的那個。踏著沾染泥土的葉子，我想起枯季時 Ice-Man 在施普林格山說的話：「踏上步道前，你應該準備好一切。」

在兩千兩百英里的路途上，我漸漸瞭解內心有個我，默默為踏上步道做準備。我潛意識選擇磨難的方式來經歷人生，腦中不知不覺蹦出一句話來告誡自己：「如果現在是在山上呢？你會因忍受不住寒冷或孤獨而放棄？」

那種磨難似乎成為一種生活哲學。我從來不覺得自己是個幸運的人，在步道上卻好運連連，自己都覺得害怕了。難道我把所有的好運都存了起來，留給踏上阿帕拉契山徑的自己使用？

那麼我還會因為好奇而去走更長的步道，驗證自己的好運資產到底有多豐富嗎？

維吉尼亞州的胖青旅主人鮑勃，駕車接我回步道時說：「只要知足，需要的東西不會太多。」

那時我的思緒飛躍，想起我在麥斯路徑見到滿布冰晶的遼闊大草原，那是我第一次感到幸運的時刻。但為什麼明明應該開心時內心卻又糾結哀愁呢？或許，因為ZEN的死訊前一晚在社群媒體傳開了，讓我對眼前壯麗的景色感到應更加珍惜。

進入ZEN的青年旅舍時，他頂著飄逸的長髮，一臉文青氣質，帶我在小小旅舍的樓上與地下室來回上下認識環境。他的思緒會化成言語不停傳播，他說：「在這間房子裡，做什麼事都得無意義的上上下下（Pointless ups and Downs）。」當時我已經被步道教訓了一頓，順口接了一句：「就像阿帕拉契山徑一樣。」

ZEN大笑著說：「是呀，就像阿帕拉契山徑。」

我相信ZEN一定看過令他滿足的美景，因此在最愛的房子裡趁著睡夢安詳離世。

那晚，我要買旅舍裡的補給品，但根本搞不清楚價錢，向星星鬆餅問了價錢，她隨意為我結了帳，接著，ZEN還遞給我一包維他命軟糖說：「這是另外給你的禮物。」

我將ZEN的死也當成他送給我的禮物，往後我所遭遇的歡欣、孤獨、恐懼、感嘆、煩躁、驚喜、疲憊、忘我、遺憾，我都當成自己的「好運」。活著，才能感受到這一切呀，不是嗎？翻過幾座山，路真的平坦了，反而有些不習慣。阿帕拉契山徑顛簸起伏，要是沒有ZEN的禮物，我可能根本無法撐到這裡。

阿帕拉契山徑真的很殘酷，卻也很溫柔。

兩千兩百英里崎嶇艱難的山路，經歷季節的更迭，惡劣的冰霜與風雨。如果你不了解自己，沒有堅強的信念驅使往前，很容易就成為逃兵。我將湯沃當成追逐的目標，當我離他越來越遠，因腳底小小水泡而耽擱進度，徹底感覺沮喪，打算放棄時，Sim在庇護所外寒冷的水源區問候我：「你今天過得好嗎？」溫暖的關懷令我振奮起來，將我從負面情緒拉上岸，我因此更深刻的體會一件事：「踏上步道前，你應該準備好一切。」

這句話原來還有更深的含義，如果不瞭解自己想要什麼，如果沒有足夠的決心來追逐目標，那麼，最終步道會將你淘汰。

「I know, I don't blame you.」老者曾經這麼對我說。

去年（二〇二二）我駕車在內華達州獨旅，最終站來到大峽谷國家公園的 South Kaibab Trail。這條步道屬於先甘後苦型，從頂端向峽谷底下俯衝，回程要承受所有的負重。當我走到終點 Skeleton Point 時，一個背負著重裝備的老者緩緩從谷底走上來。

老者脫下背包，跟在觀賞峽谷彎河的我打招呼。他說：「我從早上四點開始走，從大峽谷另一邊的外環步行過來。」

真是一個意志堅毅的亞利桑那人。他問我是哪裡人？我說「紐約，已經旅行五、六天了，這裡（我手指著地面）就是我今天的終點，我要折返了。」

老者這時說了：「I know, I don't blame you.」

咦咦？這是什麼意思？

是覺得我因為體力不足而撤退嗎？

我幾乎沒耗到什麼體力呀，只是時間不夠，後天我得飛回紐約，所以抓緊上班前有限的時間跑遍所有景點，離開大峽谷後，順路再看個胡佛水壩，接著還要開車回到 Las Vegas，所以才不能花更多時間在步道上啊……

噢！原來你的意思是……為什麼我要急急忙忙的趕去下一個景點，不能靜下心來好好感受造物者花了千萬年才雕琢出來的壯觀景色呢。

返回大峽谷頂端的路上，我心有不甘奮力跑著，上山反而比下山快。

老者那句話一直在我腦裡迴盪，他與阿帕拉契山徑說著相同的話，都在提醒我，去思考自己想要成為什麼樣的人。

回到忙碌的現實生活，我開始去瞭解徒步穿越這項戶外運動，也認識了世界上許多步道。我心已被拉進步道世界，我毅然決然踏上阿帕拉契山徑，在遇到老者僅僅半年後。

我記得老者的眼神，像極了與湯沃在大煙山山腳分別時他那熱切的眼神：「我知道，你熱愛山。要不要跟我一起走呢？」

踩著步道準備跨過一道小溪，總是埋在雲霧中的卡塔丁終於露出臉來。我看著那轟然而起的巨大岩台，莊嚴神聖的矗立在緬因州北方，它就是我給大峽谷老者的回應。

（145 / 2188 / 2200 英里）

卡塔丁 Katahdin

Day 95

拖著疲憊的身軀來到終點，我告訴自己：「可以回家了。」

再見，阿帕拉契山徑。

阿帕拉契山徑徒步穿越 Day 95

I'm done.

Man is born to die, his works are short-lived. Buildings crumble, monuments decay, wealth vanishes. But Katahdin in all its glory, forever shall remain the mountain of the people of Maine.｜Percival Proctor Baxter

人其生必死，其作如剎那存在。樑棟坍塌，碑銘湮沒，財富消泯。唯卡塔丁之榮耀永存，是為緬因之子的巔峰存在。——貝斯特

卡塔丁，卡塔丁，貫穿 AT 的三個音節。

踏上步道，許多過客詢問目的地是哪裡，我的回答都是「卡塔丁」，那個石塊綿延的稜線，

那個凝聚一世紀數以萬計穿越徒步者想望的聖地。

貝斯特州立公園可能是美國境內最特別的公園，雖然名為州立公園，但並非政府所有，也不依賴政府財政，它靠信託基金管理、門票收入與捐款維持營運。

從前緬因州是伐木業與造紙業重鎮，財閥買入大量土地用於伐木造紙，對環境生態造成重大衝擊。緬因地方望族貝斯特家族的繼承者貝斯特（Percival Proctor Baxter）致力於慈善事業，在美國經濟大蕭條時收購所有卡塔丁山區土地，置於政府名下，聲明用於公眾休閒永遠不得盈利，他過世後捐贈所有遺產給公園管理運用，貝斯特州立公園因此誕生。

基於貝斯特的遺志，公園內不得通水通電，為了維持森林原貌，也不鋪設道路，因此一路顛簸的進入貝斯特公園。收費亭管理員說必須先到營地登記上山，往卡塔丁的步道有嚴格的人數限制，需要詢問護林員（Ranger）我被允許從哪一條路線登頂。

我在 Hunt Trail 路線找到護林員的工作站，取得入山資格。這是 AT 最後五英里，我問一般人需要多久才能完成，護林員說大約十到十二個小時。我運氣很好，天氣不錯，明天山頂的狀況會變得惡劣。如果真如護林員所講，我登頂的時間相當緊迫。

步道從平坦的道路開始，沿途伴隨著鮮豔的綠蔭和清新的瀑布濕氣。路上的岩石越來越巨大，步道越來越陡峭，出了樹林視線變得開闊，可以遠眺來時的荒野叢林，也能抬頭看到白靄靄的雲層吞沒了卡塔丁。

我不時將手伸進石縫尋找抓握點，要利用雙腳開合的張力創造支撐點，才能爬上比我還高的玄武岩，當我撐著打橫的身體跳向平台，才意識到這是攀岩，卡塔丁確實與來時的山不同。

進入雲層後，像是爬在巨龍的背上，每每回望都令我頭暈目眩。強風不停吹打，讓我分不清卡塔丁這條巨龍是否正在雲端飛翔。看著落荒下山的登山客，髮梢背包掛著冰霜，太令我驚訝了，現在可是六月初，卡塔丁確實是神奇的存在。

山頂是一片平台，平台上的石堆覆著冰霜。霧靄之中，我無法辨識步道綿延多遠，強風刮得皮膚失去知覺，體溫流失，我覺得自己正在死亡，無法思考，只能搖搖晃晃跟著白色油漆往前，希望快抵達終點以便從痛苦中解脫。

時間流逝得好慢，在白靄中不知走了多久，一個下山的女登山客迎面而來，指著前方說：「Wind down over there.」我不以為然，前路與來路並無不同，說也奇怪，就是有條看不見的界線，我進入無風區，忽然一切變得寧靜，模模糊糊間，我依稀看見終點立牌。

不遠處，那個自踏上AT踩過無數山頭卻始終存於心頭的傳奇，歷經三個月，終於要摸到了嗎？頓時，我感覺身體變得更沈重，這段時間一直繃緊的肌肉神經自行鬆懈了。

我拖著疲憊的身軀來到終點立牌前，望著它，慢慢觸摸。我感受到木紋質感，我告訴自己：「完成了，可以回家了。」

接下來，每一步都是返家之路。即便最後一刻，AT也要盡力拖慢我的步伐，大概就像我對它依依不捨。

我永遠不會忘記那些睡在帳篷的夜裡，那些在短暫的步道人生裡與每一個登山客的刺激冒險，那些在森林漫步時與自己的對話。

再見，Appalachian Trail。

（12 / 2200 / 2200 英里）

後記

如果繼續走，我將看到怎樣的路？

完成阿帕拉契山徑之後，回到現實生活的常軌，但是，我對步道的眷戀卻不斷增長，趁著女兒的長週末休假，我帶著她回到阿帕拉契山徑。

美國東岸正遭受加拿大野火延燒的煙害，空氣品質惡劣，新聞警告民眾不要出門，但是我知道，絕對沒有任何 AT Thru-Hiker 會因此退出。

回到步道，明明走過的路段印象卻非常稀薄，倒是那些 Thru-Hiker 的眼神又讓我找回熟悉的感覺。我問她：「是去卡塔丁嗎？」帶著眼鏡的中年女 Thru-Hiker 說：「是的。你也是來走 AT 的嗎？」她看到我背包上薰衣草色的 AT 標章問。我說：「我前幾個禮拜才站上卡塔丁，妳一定不會相信，明明是六月，卡塔丁山頂卻布滿冰霜，那真的是一個很神奇的地方。」

我將我所知道的，可能遭遇的困難路段，盡量告訴她，包括華盛頓山之後被雪埋藏的步道。她即將踏上幾個月前我完成的路途，我希望她像我一樣帶回滿滿的收穫。另一方面，我心裡也期望與步道保持某種連接，直到此刻我才理解當初那對步道天使夫妻的心思。

原來，當你愛著一件事情，就會用不同方式去接近、參與它。

十月，哥倫布日的長週末，臨時決定去緬因州賞楓。緬因州翻了三倍價的旅館讓我卻步，基於對AT的思念，我帶著一家人長途移動八小時，前去我曾投宿的Maine Roadhouse。

進入熟悉的玄關，布告欄貼滿AT徒步者的身影，女兒很快找到我停留的痕跡。此時，旅舍主人Jenns進入大廳，見到我們並寒暄幾句。我妹與Jenns說：「這位曾住過這裡。」Jenns立刻問：「你是SAVAGE嗎？」

太令人驚訝了，過了四個多月，從徒步淡季到旺季結束，來來去去的徒步者至少上千名，Jenns居然還記得我。Jenns給我大大的擁抱，跟在大廳的徒步者說：「他是SAVAGE，用九十天就完成AT！」我糾正她說：「九十五天啦。」Jenns說：「哈哈，對啊，SAVAGE一定相當懊惱！」

隔天，我們吃了豐盛的早餐，Jenns調侃道：「我記得SAVAGE早餐吃完七片鬆餅，飽到遲遲不能回到步道。」

離開Jenns的青年旅舍，我望著溫馨優雅的木屋，我也在布告牆找到曾經遇過的徒步者，那裡有我們一起在步道寫下的故事。

我尋找湯沃（Townward）的照片，最後他回來AT了嗎？

年底，我鼓起勇氣傳訊給湯沃，問他是否完成CYTC。

湯沃說：「準備踏上CDT時，已將近十月，山上的風雪逐漸到來，評估是有生命危險，所以在十月中旬返回工作崗位。」我在湯沃的社群媒體得知他在大雪年的PCT吃盡苦頭，如此決定並不意外。

湯沃在跳過溪水時踩上碎冰，差點被湍急的河水沖走，他形容那是只要想起來就害怕的經歷。積雪在太陽的照射下融化，不但遮蔽路跡，還形成想像不到的陷阱。他曾踩進塌陷的冰層，滑落深五公尺的凹坑。長時間待在雪地，湯沃罹患雪盲症，用有限的視力跟著其他徒步者的足跡往前，直到有人提醒那不是人或狗的足跡，而是熊，才讓他倖免於難。

某天，他與外國的徒步者相約凌晨三點出發，湯沃一直等到五點半，外國徒步者才從帳篷走出來，他們的溝通顯然發生問題。團隊徒步能提高安全，卻無法消弭太陽軟化冰雪後的風險，湯沃只能獨自啟程。經歷不穩定的雪地徒步，那晚，湯沃罕見的感到難過，他說：「我幾乎沒有與人一起徒步過兩次，除了SAVAGE，我永遠珍惜這個佛蒙特州和新罕布夏州的徒步夥伴。」

我問：「你還想再次挑戰CYTC嗎？」

湯沃回道：「我保持開放的態度，但需要幾年時間，重新準備。」AT真的相當崎嶇，尤其跟著湯沃的年度三冠王步調，更讓一切變得艱鉅不已，但不得不承認，我已深深愛上步道的冒險生活。

我不禁想像，如果繼續走下去，我看到的步道又會是什麼模樣？

湯沃知道我對CYTC也感興趣，便說：「我們需要修正幾點錯誤，讓挑戰變得更合理更順暢一點，例如二月，甚至一月就出發。」「我們需要更嚴格的飲食計畫。」

湯沃自顧自將我納入計畫，我也不否認兩人組隊更理想，因為能夠一路完成AT，若非出於他的激勵，我大概很難獨自完成。

野蠻人徒步日記 阿帕拉契山徑90天

作　者／SAVAGE
社　長／林宜澐
總 編 輯／廖志墭
編　輯／王威智
封面設計／楊正字

出　版／蔚藍文化出版股份有限公司
地址：110408臺北市信義區基隆路一段一七六號五樓之一
電話：02-22431897
臉書：https://www.facebook.com/AZUREPUBLISH/
讀者服務信箱：azurebks@gmail.com

總 經 銷／大和書報圖書股份有限公司
地址：248020新北市新莊區五工五路二號
電話：02-89902588

法律顧問／眾律國際法律事務所　著作權律師／范國華律師
電話：02-27595585
網站：www.zoomlaw.net

印　刷／世和印製企業有限公司
定　價／新臺幣四五〇元
初版一刷／二〇二四年五月

ISBN　978-626-7275-31-3（平裝）

國家圖書館出版品預行編目（CIP）資料

野蠻人徒步日記：阿帕拉契山徑 90 天 /SAVAGE 著 . -- 初版 . -- 臺北市：蔚藍文化出版股份有限公司 , 2024.03
面；　公分
ISBN 978-626-7275-31-3（平裝）

1.CST: 徒步旅行 2.CST: 遊記 3.CST: 美國

752.9　　113003244